教育部人文社会科学重点研究基地
清华大学技术创新研究中心

CSSCI集刊

创新与创业管理

（第26辑）

Management of Innovation and Entrepreneurship

陈　劲　主编

科学出版社
北　京

内 容 简 介

“创新与创业管理”是由教育部人文社会科学重点研究基地——清华大学技术创新研究中心组编的学术研究丛书。本丛书主要刊载创新与创业管理领域内高质量的学术论文，包括理论探讨、实证分析、案例解读、调查报告、文献综述及评论。

本专辑共收录了10篇文章，研究主题涉及：创新引领关键核心技术突破的机制；新市场进入时机与生存绩效；组合式创新中的知识产权价值实现；出口赋能创新的机制、影响因素与展望；家族涉入与企业创新的元分析；创新网络研究的现状、热点与趋势；自我领导对科研人员创新性即兴行为的作用机制；高密度研制下航天器AIT生产创新管理实践探析；农民集群创业与乡村振兴的理论与实践；组织双元学习对企业颠覆性创新绩效的影响。

图书在版编目（CIP）数据

创新与创业管理. 第26辑 / 陈劲主编. —北京：科学出版社，2022.4

ISBN 978-7-03-072016-0

Ⅰ. ①创… Ⅱ. ①陈… Ⅲ. ①企业管理－文集 Ⅳ. ①F272-53

中国版本图书馆CIP数据核字（2022）第053246号

责任编辑：李　嘉 / 责任校对：樊雅琼

责任印制：张　伟 / 封面设计：无极书装

科学出版社出版

北京东黄城根北街16号

邮政编码：100717

http://www.sciencep.com

北京虎彩文化传播有限公司印刷

科学出版社发行　各地新华书店经销

*

2022年4月第　一　版　开本：787×1092　1/16

2022年4月第一次印刷　印张：10

字数：234 000

定价：118.00元

（如有印装质量问题，我社负责调换）

编 委 会

目录 CONTENTS

创新引领关键核心技术突破的机制研究
——基于华为的案例研究*

刘海兵[1,2]，尹西明[3,4]，陈劲[4,5]，黄天蔚[1,2]

（1. 武汉科技大学 恒大管理学院，武汉 430081；2. 武汉科技大学湖北产业政策与管理研究中心，武汉 430081；3. 北京理工大学 管理与经济学院，北京，100081；4. 清华大学 技术创新研究中心，北京 100084；5. 清华大学 经济管理学院，北京 100084）

摘要： 创新引领作为一种新的创新范式，是后发企业超越追赶、加快实现科技自立自强的必然选择。关键核心技术的突破是创新引领理论的一个重要目标，也是中国制造克服“大而不强”、最终实现超越追赶的底层逻辑。本文基于华为关键核心技术突破的创新实践，运用扎根案例研究方法探讨了创新引领关键核心技术突破的模式。研究发现：创新文化嵌入机制、支撑创新引领的战略协同机制、保障创新引领的科技安全治理机制是创新引领加快企业关键核心技术突破的具体过程机制。本文从微观企业层面补充和完善了“创新引领”这一新的理论范式，为后发企业在加快打造动态核心能力、突破关键核心技术和超越追赶，进而实现高水平科技自立自强提供理论与实践启示。

关键词： 创新引领；引领性创新；关键核心技术；科技自立自强

中图分类号：C930；F273.1　文献标识码：A

---

* 基金项目：北京哲学社会科学规划重大项目“强化国家战略科技力量研究”（21LLGLA002）、国家自然科学基金青年项目“多层次系统视角下中国高校学术创业与成果转化促进机制研究”（72104027）、中国博士后科学基金面上项目“中国高校学术创业促进机制研究”（2021M690388）、北京理工大学科技创新计划“北理智库”推进计划重大问题专项“新发展格局下数字经济高质量发展动态机制与案例研究”（2021CX13003）、武汉科技大学湖北产业政策与管理研究中心开放基金项目“武汉市公共文化服务供给有效性评估及提升策略研究”（17CYY06）。

作者简介：刘海兵（1984—），男，甘肃武威人，武汉科技大学恒大管理学院副教授，浙江大学创新与发展研究中心兼职研究员，研究方向为全面创新管理、技术创新能力与数字化创新；（通讯作者）尹西明（1991—），男，河南平顶山人，北京理工大学管理与经济学院助理教授、特别副研究员，清华大学技术创新研究中心兼职副研究员，研究方向为创新管理与可持续发展；陈劲（1968—），男，浙江余姚人，清华大学经济管理学院教授，清华大学技术创新研究中心主任，博士研究生导师，研究方向为技术创新与创新政策；黄天蔚（1982—），女，湖北武汉人，武汉恒大管理学院讲师，研究方向为战略管理。

1 研究背景

党的十九届五中全会提出要“强化国家战略科技力量”“提升企业技术创新能力”①。而创新引领作为一种新的创新范式，不但是建设面向未来的世界科技强国的战略选择，更是后发企业超越追赶的必然选择。创新引领理论试图回答，在世界传统工业强国纷纷走上再工业化之路、后发国家后发优势逐渐缩小的背景下，作为奋力超越追赶的后发企业，中国制造企业如何通过创新继续缩小与先发企业的技术距离，甚至赢得反向技术距离，从而突破全球价值链“低端锁定”的瓶颈，大幅度地提升企业技术创新能力，攀升到价值链中高端，实现真正意义上的超越追赶。习近平总书记在 2014 年两会期间参加上海代表团审议时强调“创新是引领发展的第一动力”②，其后在多次重要会议上阐述了这一全新的创新范式和高超的政治实践智慧，对中国制造坚定创新自信、加速创新突破擘画了宏伟蓝图，也将创新在发展中的作用和地位提升到了前所未有的高度。那么，始于熊彼特创新概念、完善于战略管理理论发展的创新管理理论如何积极拥抱这一命题，建构中国情境下的创新引领理论体系，成为中国管理学的时代重任和新的使命担当。

中国特色创新引领理论体系的建构事关科技创新强国的建设全局。党的十九届五中全会和国家“十四五”规划也进一步强调要“坚持创新在我国现代化建设全局中的核心地位，把科技自立自强作为国家发展的战略支撑”。放眼世界工业强国制造业崛起之路，除了深厚的工业基础和各有特色的产业政策之外，不可忽视的重要驱动因素中都有前瞻性、系统性的管理理论支撑乃至引领制造业发展，如美国的泰勒的科学管理原理、日本的精益生产理论、韩国的追赶理论，创新领域的熊彼特创新、用户创新[1]、开放式创新[2]、颠覆式创新[3]等。但十分遗憾的是，立足“超越追赶”情境的中国管理理论并未很好地得到发掘和提炼，显著“滞后于管理实践”，“与管理实践脱节的问题比较突出”[4, 5]，中国管理实践的突破日益呼唤具有中国特色的管理理论。

关键核心技术的突破是创新引领理论的一个重要目标，也是中国制造克服“大而不强”、突破关键核心技术“卡脖子”问题、最终实现超越追赶的底层逻辑。关键核心技术的突破，深嵌于技术创新能力的持续提升和跃迁。学术界关于技术创新能力的研究已经比较丰富，主要集中在两类：一类是纵向考察技术创新能力演化过程和演化路径，运用的理论主要是组织学习理论[6]和组织演化理论[7]，如组织演化理论认为技术创新能力是企业在与环境的互动中“变异、选择、保留与传衍”的过程[8]，但目前对能力演化机理的理解尚不清晰[9]；另一类是探究技术创新能力提升的先导因素，前后间复杂而混沌的因果链已形成了组织边界内外的前因，包括自

①《中共中央关于制定国民经济和社会发展第十四个五年规划和二〇三五年远景目标的建议》，http://www.gov.cn/zhengce/2020-11/03/content_5556991.htm[2021-12-20]。

②《习近平的两会时间（四）：“创新是引领发展的第一动力”》，http://www.xinhuanet.com//politics/2015-03/06/c_1114549235.htm[2015-03-06]。

然选择视角[10]、早期制度理论[11]、定位观、吸收能力观[12]、资源基础观[13]、知识基础观[14]、认知理论、高阶理论[15]。然而，这些研究除了自身演化路径不清、协同机理不明、路径模糊、缺乏动态视角[16]等问题外，最大的不足是存在着明显的战略管理范式烙印，将可持续竞争优势定义为组织目标而又等同于组织绩效，进一步将组织绩效等同于市场表现，大量研究采取了这一“看上去应该如此”的分析范式。也就是说，企业的技术创新能力从属于战略、服务于竞争优势成为创新领域的研究惯例，然而，这种惯例使概念范畴逐渐缩小且忽略了创新的外部性问题，忽略了作为社会性主体的企业在创新发展中应该承担范围更广、影响更深的社会责任。尤其在“以人民为中心的高质量发展”的新发展阶段，企业如何“围绕产业链部署创新链、围绕创新链布局产业链”从而追寻“有意义的创新”[17]，战略管理范式很难给出有效解释和路径答案。这些研究缺口正是创新引领理论体系所要深入探讨的问题。

中国工程院院士许庆瑞继习近平总书记提出“创新是引领发展的第一动力”后，敏锐地意识到“创新引领把创新摆在比战略更重要的位置上，创新引领的研究时代已经到来”，随即带领创新管理团队成员从 2018 年深入开展创新引领发展的理论研究。时至今日，比较有代表性的是刘海兵等对创新引领的概念、过程、实现机制进行的初步探讨[18, 19]，以及尹西明等[20]对新竞争环境下企业加快颠覆性技术突破的路径机制研究。然而，作为一种区别于创新驱动的创新管理新范式，创新引领多从宏观的国家视角和中观的战略变革视角开展研究，而对突破关键核心技术、前沿颠覆性技术、底层共性技术的路径尚缺乏从企业层的微观视角探究。因此，作为一种新范式，关于创新引领理论体系的研究还存在明显缺口，尤其是考虑到企业是贯彻创新引领发展范式的核心主体，更呼唤学者从微观视角来解构创新引领企业关键核心技术突破的过程机制。本文以华为技术有限公司（简称华为）作为创新引领方面的典型代表性案例，深入剖析创新引领加快关键核心技术突破的重要机制，以期进一步拓展深化创新引领理论体系中的作用机制问题。一方面，补充完善现有创新引领的相关理论研究；另一方面，为中国企业在新时期加快提升企业创新能力、掌握关键核心技术提供实践启示。

2 理论基础与文献回顾

2.1 创新引领理论与文献

“创新引领”中的“创新”比传统创新驱动理论中的“创新”对企业长期优势的构建更具有未来意义。创新驱动是战略导向范式中的组织行为，认为创新模式的选择应根据不同战略目标来选择。战略目标长期处在绩效主义看重的市场表现的襁褓中，而市场表现仅仅是绩效概念的其中一个要素，绩效还应当包括程序正当性和公平正义。因此，战略导向的创新驱动有助于企业构建自身竞争优势，但构建的竞争优势是否对产业链技术生态位的上移、对周边行业产生正溢出效应、对人类进步的意义有深度思考，这依赖于企业决策者的个人偏好。这也正是近年来责任式创新、有意义创新等新理论涌现的背景和价值诉求。例如，责任式创新针对基因伦理危机、核科学应用风险等科技伦理问题主张创新要承担更广泛的社会责任，实现创新与社会价值的相统一。陈劲等于 2017 年提出“整合式创新”理论，主张国家和企业要以整体观和系统观的中国哲学思想来重新审视创新过程，实现整合性的价值创造[21]，并于 2019 年进一步提出了有意义的创新，主张企业决策者应将注意力转向“更加长期与深层次的社会意义与人类发展大趋势上”[17]。而创新引领范式，强调企业层创新应首先在突破组织边界的基础上，以整体观和系统观来思考创新意义、追寻创新价值、匹配创新模式，并引入前瞻性思考（forward-thinking）的战略预测（strategic foresight）来引领整体性和系统性的创新过程，这既是对已有范式的打破和革新，也是“第四代管理学”[5]在创新管理领域的典型化应用，被称作“中国的第四代创新理论”。

许庆瑞等[22]在回顾了新中国成立以来中国企业的创新实践和世界一流企业的创新之路后，归纳总结出了“战略制胜、全面创新、人企合一和自我积累”的企业经营管理的基本规律，并指出在新科技革命时代，企业创新管理需要回归商业的本质和管理的本源——视组织为生命系统而非机械系统的新世界观，坚持以科技创新为核心的全面创新，在建设一流企业的同时，为人类命运共同体贡献中国经验和智慧。刘海兵等[18]则在梳理先后作为理念、作为要素、作为方法论、作为价值导向四个阶段创新观发展逻辑的基础上首次从理论上提出“创新引领”，并借助海尔集团洗衣机产业线的创新实践，从价值导向、创新态度、效应、驱动力（VAED 模型）四个角度界定了创新引领的内涵，认为它的价值导向是致力于企业自身利益和社会利益的双元平衡，更加重视在促进社会进步过程中实现自身利益，其效应更加体现在对行业技术创新和对社会进步推动的贡献，创新文化是根本的驱动力。这与习近平总书记 2020 年 7 月 21 日在企业家座谈会上的讲话中提出的“优秀企业家必须对国家、对民族怀有崇高使命感和强烈责任感，把企业发展同国家繁荣、民族兴盛、人民幸福紧密结合在一起，主动为国担当、为国分忧”[23]思想高度一致。此外，其还探讨了创新引领的过程，包括创新意愿、创新战略、创新行为和核心能力。在创新引领概念和过程初探基础上，刘海兵和许庆瑞[19]进一步提出了与创新引领同义的“引领性创新”，认为引领性创新观基础上的决策机制、创新战略选择机制、管理机制和组织柔性化机制是后发企业在“超越追赶”过程中实现引领性创新的关键机制。

然而，尽管上述文献对创新引领的概念和内涵做了探索性研究，但总体上缺少对创新引领企业跨越式发展的内部微观机制的实证研究，尤其是创新引领如何驱动制造业关键核心技术“卡脖子”问题突破的机制尚属空白，亟待从微观企业层面的实证研究予以揭示。

2.2 高管认知理论与高阶理论

相较于早期的制度理论强调环境对战略选择的重要性，资源基础观、知识基础观强调组织的物质和知识基础，而认知理论和高阶理论则从心理学角度强调人的因素，特别是强调企业经营决策者对环境的主观能动性，由此也形成了战略选择理论中战略制定和环境之间的共演机制[24, 25]。高阶理论[26]认为企业家战略意图很重要，企业家可以选择不同的企业发展战略适应环境变化，并采取合适的组织结构保障战略的实施。因此，高管团队个性特征、高管团队结构、高管团队断层及断裂带成为企业技术创新能力提升的一个重要研究热点。这类研究尽管注意到管理者在战略选择中的主观能动性，但尚未深入到企业决策团队的认知心理过程。

认知理论认为企业家的战略意图取决于资源认知[27]、情绪情感认知，以及无意识认知。认知可能取决于刺激情境的整体性、突然的理解或知觉、有意义的发现与接受等。认知理论进一步证实了战略意图对知识搜寻行为的促进作用[28]，而知识搜寻行为对技术创新能力提升有积极作用。但现有的研究多聚焦在静态视角，缺乏从动态视角分析战略意图对技术创新能力演化的机制。除认知理论、高阶理论外，资源建构理论也肯定了管理者对“资源从何而来”的主观能动性。

根据认知理论和高阶理论，企业经营决策者的创新认知有助于企业采取积极的创新行为进而突破关键核心技术提升技术创新能力，而强调管理者创新认知的重要性正是创新引领的理论内核。这说明，创新引领理论是认知理论、高阶理论的进一步发展，而后者是为创新引领理论的科学性提供了理论基础。同样，创新引领理论需要回答创新认知、创新意图如何形成，以及对关键核心技术突破的微观机制。

3 研究方法和数据来源

Eisenhardt[29]、Yin[30]等建构的案例研究基本原则，为案例研究提供了基本规范，被越来越多的研究者接受，尤其为新兴经济体情境下管理现象的解释和管理理论的建构提供了工具。案例研究有助于较完整地呈现包括管理者情感情绪在内的管理空间，揭示现象本质的关键证据链[31]，从而挖掘复杂现象背后的机理、规律和机制。相比多案例研究，单案例研究更适合考察过程机制、路径等问题。因此，本文选择单案例研究方法。

3.1 案例选择依据

选择典型案例和极端案例是案例研究常见的做法。典型案例和极端案例嵌入在创新引领关键核心技术突破的机制研究问题中，从证据链角度来看，案例应具有如下特征：①案例企业经营决策者有独特的创新认知，创新认知积极推动创新行为，创新行为符合 VAED 模型中关于创新引领的基本内涵，即案例企业是实施创新引领的典型代表；②案例企业是所在行业的典型代表，关键核心技术方面持续突破，引领行业价值链向中高端攀升；③对案例企业有深度的追踪研究，熟知案例企业的资料。

基于上述选择标准，本文选择华为作为理想的案例企业，主要原因如下：①华为是一家 1987 年起步于代理香港交换机产品的通信公司，得益于早期对低端通信市场的占据，企业规模逐渐扩大。创始人任正非凭借自身对技术和市场资源的认知，自 1990 年开始重视人才引进和技术研发小组培养，直到 1996 年制定了规范华为长期发展的《华为基本法》，创新体系基本得以确立。也是基于这种牢固的创新体系，华为逐渐由早期的跟跑者到并跑者，再到目前 5G[①]核心技术创新领域的领跑者。华为的成长主要归因于创始人独特的创新认知，并带领高管团队前瞻性地预判环境变化，进而动态调整公司创新战略，持续引领自身和行业技术创新。②制定《华为基本法》后，华为每年研发投入占营业收入比不少于 10%，事实上这一比例每年都高于 10%。2010～2019 年，华为实际研发投入已超过 6000 亿元，2020 年华为实现全球销售收入 8914 亿元，研发投入 1418.93 亿元，占比高达 15.9%。持续高额的研发投入，不仅仅源于华为自身利润的驱动，更是反映了华为始终秉持着为客户和社会创造更大价值的使命，从而在推动整个行业数字化、智能化发展过程中持续提升产品和服务竞争力，引领行业稳健发展。华为的创新行为符合创新引领的基本内涵。③根据华为 2020 年财报，从事研究与开发的人员数量约 10.5 万名，约占总人数的 49%，其中约 1.5 万人从事具体研究，包括 700 多位数学等基础科学博士。在授权专利方面，华为在全球持有的有效专利超过 10 万件，90%以上为发明专利。在 5G 领域，华为贡献了 3GPP（3rd Generation Partnership Project，第三代合作伙伴计划）国际标准的两个子方案，2019 年开发了自主知识产权操作系统“鸿蒙”，并于 2021 年 6 月发布“鸿蒙 2.0”版本，实现超越手机端、面向万物互联的国产操作系统的突破。④本文研究团队有持续研究华为的知识积累，尽可能掌握了华为创新发展历程中的相关资料。

3.2 数据来源

3.2.1 跟踪访谈

本文研究团队自 2016 年以来多次访谈华为集团总部和旗下子公司，包括华为集团总部、华为财经、华为海思以及华为战略研究院、华为 2012 实验室等，并通过承担或参与华为创新战略咨询研究课题对华为内部不同部门和华为生态系统内多元供应商开展了系统和深入的跟踪访谈，积累了大量的一手访谈资料和华为创新管理过程资料，为提炼本文研究的研究问题、确定概念模型和案例研究思路提供了重要支撑。

3.2.2 基于跟踪研究的数据积累

本文研究团队在前期对华为已经有比较深入的探究，多篇阶段性成果已发表在国家自然科学基金委员会重要期刊，开发的华为海思自主创新案例获评 2020 年第十一届“全国百篇优秀管理案例”，可以说关于华为的研究有丰富的数据积累，具体包括：华为内部“华为心声社区”的信息披露；国内外媒体关于华为的报道（微信公众号、网络传媒报道）；基于华为的案例研究论文、案例库；已出版的有关华为的书籍，如《华为变革管理》《华为研发》《华为管理哲学》等；任正非、余承东等华为高管公开接受媒体访谈的文字实录或演讲稿。此外，还有本文研究团队在前期关于华为研究的资料编码库。一手访谈资料和丰富的二手资料的数据相互交叉验证，尽可能保证了研究信度和效度[30]。

① 即 5th generation mobile networks，第五代移动通信技术。

4 案例分析

4.1 案例简介

成立于 1987 年的华为以代理香港交换机产品为最初的业务，后来进入生产制造领域，自行开发交换机。经过 30 多年的发展，目前华为已成为通信行业的领导者。2020 年，在以美国为首的发达国家“卡脖子”背景和全球新冠肺炎疫情的大冲击下，华为仍然逆势增长，实现全球销售收入 8914 亿元人民币，同比增长 3.8%，净利润 646 亿元人民币，同比增长 3.2%；华为员工超过 18 万名，从事研究与开发的人员数量约 9.6 万名，约占总人数的 49%，其中约 1.5 万人从事具体研究；华为的业务领域包括运营商业务、企业级业务、消费者业务、华为云业务，为 170 多个国家和地区、超过 30 亿人口提供网络通信服务，助力数以百万计的企业加快数字化转型。在通信设备与 5G 通信领域，华为已经位居全球第一；在企业网络设备和智能解决方案领域，华为已经做到了全球第二，仅次于思科；在消费者业务领域华为已经做到了世界第三，仅次于苹果和三星。2019 年 6 月 6 日，中国工业和信息化部向中国移动、中国电信、中国联通和中国广电发放 5G 商用牌照，标志着中国 5G 正式进入商用时代，也被国际电信产业巨头美国高通公司称为“是全球 5G 发展的里程碑事件”。作为全球唯一能够提供端到端 5G 商用解决方案的通信企业，华为成为中国 5G 主要供应商[32, 33]。与此同时，华为在全球 5G 市场的领先地位也更加凸显——早在 2019 年 3 月 21 日，华为击败高通，成功当选 3GPP SA 全会主席。此时的华为，5G 专利拥有量排名世界第一，5G 标准拥有量排名世界第二，5G 基站出货量排名世界第一，已经从 20 世纪 80 年代中国广东的一家默默无闻的后发企业成长为如今全球芯片和通信行业的绝对领军者。

中美贸易摩擦发生以来，华为等一批中国高技术企业被列入美国“实体清单”，但长期以来的自主创新和前瞻性的备份策略使华为在美国携举国之力围追堵截的情境下依然能够逆风前进，引领中国乃至全球通信行业的创新前沿。华为已正式启动“构建万物互联的智能世界”的新愿景，迈向基于愿景假设和世界级难题驱动的理论突破和基础技术发明的创新 2.0 时代。

4.2 创新引领华为关键核心技术突破的机制

以任正非为代表的华为高管一直坚持“不在非战略机会点上消耗战略资源”，立志成为全球领先的 ICT（information and communications technology，信息与通信技术）基础设施和智能终端提供商，并致力于构建万物互联的智能世界。在这一创新战略目标的持续引领下，尽管华为伴随着技术领域的不断创新经历了不同的发展阶段，但华为突破关键核心技术的发展策略有了本质上的持续性，不因发展环境、所处阶段不同而有大的变革，而是围绕关键核心技术突破，逐渐形成了比较系统的支撑环境。为便于案例讨论，遵循客观性、逻辑性逐步编码的过程，本文将华为纵向阶段的案例情境结构化为关键核心技术突破的机制，主要包括创新文化嵌入机制、创新战略协同机制和科技安全保障机制。

4.2.1 创新文化嵌入机制

华为从一开始的代理交换机产品业务到后来自己生产制造的转型过程中，逐步意识到通过自主研发控制生产从而提升对客户的技术影响度和服务质量的重要性，于是，从 1990 年开始由莫军仿照 BH01 电路和软件进行自主知识产权的电路设计和软件开发。也是从此时起，华为开始重视人才引进和技术研发小组的培养。

华为发展史上具有划时代意义的事件是 1995 年开始委托“外脑”梳理华为文化，并最终于 1998 年审议通过的《华为基本法》，确定了华为二次创业的观念、战略、方针和基本政策，构筑了未来发展架构。其中将“责任意识、创新精神、敬业精神与团结合作精神”视为华为文化精髓，强调履行社会责任，“以产业报国和科教兴国为己任，以公司的发展为所在社区作出贡献。为伟大祖国的繁荣昌盛，为中华民族的振兴，为自己和家人的幸福而不懈努力”。关于研发，规定“在选择研究开发项目时，敢于打破常规，走别人没有走过的路”“善于利用有节制的混沌状态，寻求对未知领域研究的突破”。至今被学术界和业界津津乐道的是，华为明确“按销售额的 10%拨付研发经费，有必要且可能时还将加大拨付的比例”。[①]《华为基本法》的本质在于以激励相容的制度塑造重视基础研究、鼓励创新、宽容失败的创新文化。

《华为基本法》实施至今已逾 20 年，华为以制度的形式和强有力的战略行动确保了从使命到创新再到经营方针的华为文化的延续。这种延续，实质上已经深深嵌入在了华为员工的价值观和行为规范上，成为华为长期坚持开放环境下的自主创新的“定海神针”，也由此不断激励着华为人在关键核心技术上不断积累、超越和自我超越。

4.2.2 创新战略协同机制

在创新文化的嵌入式塑造基础上，华为进一步建构了组织结构、技术创新体系、文化创新与创新引领战略目标有机协同、互为促进的机制。

首先是组织结构与创新引领战略目标的协同。1987～1993 年，华为采取了个人集权型的直线制组织结构，下设五大系统直接向总部汇报。1995 年开始，华为进行组织调整，建立中央研究部、中间测试部、知识产权部。1996 年建立产品战略研究规划办公室。1998 年开始，华为继续动态调整组织结构，推进 IPD（integrated product development，集成产品开发体系）变革，同时华为在研发、生产、财务、人力资源等方面投入巨资大规模引入国外管理咨询公司进行咨询，加速推进以研发创新体系为核心的一系列管理创新。2003 年，华为引进经营管理团队（executive management team，EMT）系统，开始实施全新的集体战略决策体系，逐渐形成矩阵式组织结构。2011 年，华为设置四个常务委员会，建立三大事业群（business groups），同时

---

① 以上内容均摘自《华为基本法》。

不断调整内部结构，将过去的集权管理过渡到分权制衡管理，同年开始执行轮值 CEO（chief executive officer，首席执行官）制度。创新战略目标引领下的组织结构变革已成为华为的常态，2003 年以前的组织结构主要解决单一产品线的研发生产问题，而后的矩阵制组织结构则着重考虑如何迅速且高质量地满足用户需求。整体来看，华为的组织结构变革呈现了“个人集权—集体集权—分权赋能”的演进趋势。

其次是技术创新体系与创新引领战略目标的协同。1989 年，深知做代理不能长久的华为开始决心走向自主研发，而人才问题是解决自主研发的根本。于是，华为创始人任正非从高校引进技术人才，组成初期研发小组。1990 年华为开始按照 BH01 自行开发交换机，1991 年 12 月开发出的交换机通过了全部的基本功能测试，标志着华为具备了模仿创新能力。为了进一步解决技术差距悬殊问题，1995 年华为调整了研发组织结构，开始制定确保研发投入的《华为基本法》，制定了版权保护制度和流程，出台了一系列专利创新鼓励办法，这些举措推动华为的技术创新体系开始了从 0 到 1 的探索积累，华为逐渐具备了初步的二次创新能力。1998 年，华为决定投入 3G①的研发，为实现这一目标，华为开始在俄罗斯、印度和巴西等地成立合资公司，创新协同从国内走向全球化。这一阶段，华为主要基于组织技术需求，以合资公司或合作研发等形式与某些随机分布的技术相似型组织开展“成果共享”的应用性研发；或是在世界各地成立研究所，引入当地优秀创新资源，积累社会资本，拓展资源渠道。2007 年，华为开始部署对 4G②（LTE③）技术的研发，通过开放式创新继续扩大对外部创新资源的搜索范围，开放内部资源，使资源的流入流出实现动态平衡。2011 年华为在 LTE 全球峰会上荣获“LTE 最佳商用表现”，并在 LTE 北美峰会（LTE North America 2011）荣获“LTE 研发最佳贡献”大奖，标志着华为在这一技术领域形成了集成创新能力。2013 年后，华为继续打开边界，与合作伙伴一起建立“互生、共生、再生”的商业生态体系。2018 年，华为与全球 20 多所大学紧密合作，建立 5G 联合创新中心。2019 年，华为投资 15 亿美元，从联盟、社区、激励等方面将沃土计划升级为 2.0 模式，从技术效率、技术距离和技术储备看，已经开始形成原始创新能力。

最后是文化创新与创新引领战略目标的协同。华为创业伊始，一直崇尚土狼精神，其攻占市场的策略被称为典型的土狼战术。出于高强度市场拓展的需要，还形成了加班传统，称为“加班文化”。1993～1997 年，华为强调个人制胜的英雄主义。1997 年以后，华为文化跟随战略变化发生了内涵上的一些变化，即由过去的强调个人英雄主义到提倡集体奋斗。2013 年以后，华为形成了开放、合作、共赢的开放型文化。文化创新支撑了华为自主创新战略的持续实施和技术创新能力的不断提升。

4.2.3 科技安全保障机制

中国虽然是全球最大的芯片市场，但中国芯片产业起步较晚、基础薄弱，芯片设计企业的

① 即 third generation mobile communication technology，第三代移动通信技术。

② 即 fourth generation mobile communication technology，第四代移动通信技术。

③ 即 long term evolution，长期演进。

主流产品仍处在中低端，强烈依赖第三方的技术和服务，如何突破核心技术受制于人的“卡脖子”困境，是摆在中国企业面前的重大难题。2004 年全球芯片市场出现大幅度增长势头，然而我国芯片产业落后的局面依旧没有逆转。为了刺激国内芯片向前迈进，国家出台了《鼓励软件产业和集成电路产业发展的若干政策》等产业政策，中国企业纷纷开始涉足芯片行业，华为也不例外。在激烈的市场博弈中，华为供应链常常受制于人，以致出现了数据卡全球缺货的问题。供应链上核心器件的缺失给华为敲响了警钟，任正非开始采取“双供应商”的采购战略，即外部购买和内部设计双管齐下。他曾向内部研发人员敦促道：“芯片设计从短期来看，可能不会产生实际效益。但从长期来看，可以避免自己的核心技术遭遇竞争对手‘卡脖子’的困境。”正是任正非的这一句话鼓励着大家坚定了自主创新的志气，在创新突破上不断前进。

2014 年初，华为海思研制出首款 SoC（system on chip，系统级芯片）麒麟 910，成功实现了基带芯片和应用处理器的集成，解决了困扰 K3 系列芯片多年的兼容和发热等问题，并首次集成了自主研发的 4G LTE 基带处理器芯片巴龙 710，并且比行业领先者高通公司领先一年发布，标志着华为在芯片设计技术上开始摆脱长期“受制于人”的困境，华为有了基本的核心技术保障，并开始通过快速迭代参与全球主流技术创新竞赛。2016 年 10 月 19 日，华为海思发布了集成 inSESoC 的新一代手机芯片麒麟 960，与上一代相比，其 CPU（central processing unit，中央处理器）能效、图形处理能力、文件加密读写性能均大幅提升，被美国权威科技媒体 Android Authority 评选为“2016 年度最佳安卓手机处理器”，标志着华为芯片设计技术和产品性能达到了能与主流竞争对手媲美的水平。2018 年 9 月，华为在柏林国际消费电子展期间发布了世界上第一款 7 纳米制程人工智能手机芯片麒麟 980。这款新型芯片一出世就拿下了全球首款双核 NPU（neural-network processing unit，网络处理器）等六项世界第一。华为的 5G 创新能力终于实现了从落后、跟随到并行甚至领先的历史性转变。

中美贸易摩擦发生以来，华为通过基于自主的开放整合式创新[20]而打造的麒麟芯片、巴龙系列基带芯片、鲲鹏系列服务器芯片、昇腾系列 AI（artificial intelligence，人工智能）芯片、鸿蒙操作系统、位居世界第一的 5G 专利以及万物互联技术的储备，成为华为科技安全乃至企业生存的重要“护城河”，也成为华为在风雨中继续破浪前行、不断突破的战略底气。

华为消费者业务 CEO 余承东在 2020 年 8 月公开表示：华为 9 月 15 日之后再无麒麟芯片，mate40 系列将成最后一代。芯片产业链包含原材料、设备、设计、制造和封测等诸多环节。中国芯片产业全球竞争力的提升和关键核心技术的突破不但需要华为作为创新领军者的不断突破，更需要芯片产业生态体系的整体发展，而这需要更多的像华为一样的企业坚定创新自信，加快从创新驱动迈向创新引领，同心协力突破“卡脖子”难题和建设面向未来的科技强国。

5 案例讨论：创新引领关键核心技术突破的过程机制

遵循案例研究的编码规则，我们对上述案例证据反复提炼归纳，发现以华为公司为代表的后发市场的后发企业之所以能够在技术和市场双重劣势的环境下不断提升创新能力，追赶领先企业并正在超越追赶（beyond catching-up），关键是后发企业能够“将创新摆在首位”，持续追寻和创造有意义的技术、产品与服务，在用户价值、企业价值、行业价值、社会价值乃至国家价值的多元价值平衡的基础上进行价值创造。在这一整合性价值创造过程中，实施和利用了创新引领突破关键核心技术的突破机制，包括创新引领为内核的创新文化嵌入机制、支撑创新引领的战略协同机制、保障创新引领的科技安全治理机制。

5.1 创新引领为内核的创新文化嵌入机制

创新引领为内核的创新文化嵌入机制包含创新引领为内核的文化建构和文化嵌入两阶段组织行为（图 1）。

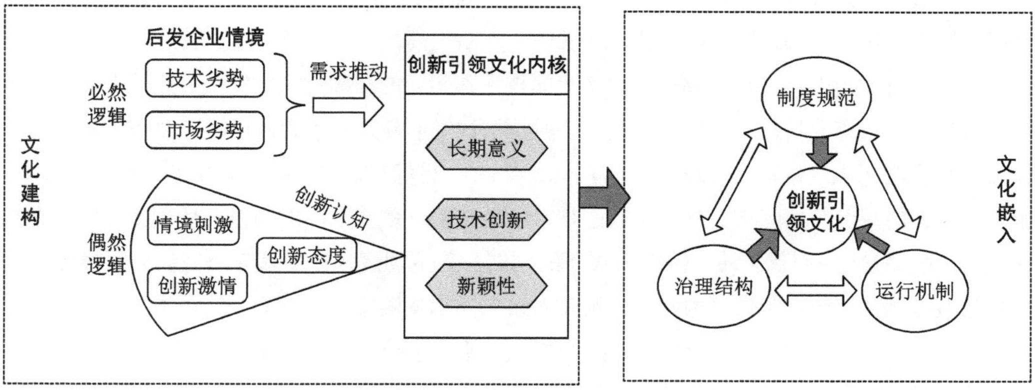

图 1 创新引领为内核的文化嵌入机制

首先，用户需求和企业家创新认知分别构成了推动创新的必然逻辑和偶然逻辑，而必然逻辑和偶然逻辑的耦合形成了文化建构的动力源。从华为的案例可发现，后发企业在面临资源短缺和技术劣势的条件约束下，受转型经济市场潜在需求的推动，通过创新建构差异化的、难以模仿和复制的优势资源从而形成核心竞争力成为发展的必然逻辑，也是传统范式中注意到的一般逻辑。然而，选择以股东价值最大化还是以用户为中心作为价值诉求，会导致不同的创新模式选择，这是因为自熊彼特开始的关于创新的界定中创新来源是宽泛的，不只局限于技术创新这一单个要素创新。价值诉求驱动的企业战略，对价值诉求匹配创新模式，很容易回到“战略导向-创新驱动”的传统范式。这说明，前述的必然逻辑并不一定引起技术创新，企业优势资源可能来自组织、文化、制度等要素的创新。然而，通过华为案例可以发现，创新引领基于技术创新的关键核心技术突破，除了用户需求推动创新的必然逻辑外，企业高管团队的创新认知，特别是创始人创新认知（企业家创新认知）对企业的创新实践发挥了重要的推动作用，其带有企业家作用的偶然性，称其为偶然逻辑。这是因为，企业家创新认知首先源于后发企业劣势情境的刺激或者出于奉献的创新激情，刺激或激情属于个体情绪的范畴，部分会转化为试图采取技术创新行为的认知，如加大知识搜索的力度[27]。但并不是所有的高管团队和创始人都有创新认知，需要制度建构塑造从创始人到普通员工对创新的高度共识性认知。例如，任正非认为

“芯片设计从短期来看，可能不会产生实际效益。但从长期来看，可以避免自己的核心技术遭遇竞争对手‘卡脖子’的困境”，就属于典型的将自主创新作为核心战略的创新型企业家认知。这一认知也是驱动华为不断推进组织、财务、管理等一系列创新来塑造全员创新自信和创新认知的内在原动力。因此，必然逻辑和偶然逻辑的耦合是关键技术突破的先决条件，形成了创新引领文化建构的动力源。

其次，提升长期意义上技术创新的新颖性、独特性是创新引领作为文化内核的内在规定。其内涵表现在两个方面：一方面，在必然逻辑和偶然逻辑的合力下，将技术创新作为企业长期竞争优势构建的根本，即技术创新发挥创新的牵引作用，牵引企业形成领先竞争优势，组织、制度、人才等互补资产是牵引力的支撑环境。例如，《华为基本法》规定，“我们的经营模式是，抓住机遇，靠研究开发的高投入获得产品技术和性能价格比的领先优势”“我们将按照这一经营模式的要求建立我们的组织结构和人才队伍，不断提高公司的整体运作能力”①。另一方面，创新引领为内核的创新文化强调长期意义上的技术和知识的新颖性、独特性，这是保持与同行业竞争者技术距离的基础，实现途径是基于科学的技术创新，如华为从早期的模仿创新到建立 2012 实验室为标志的根本性创新（radical innovation），目标是以知识基为支撑突破根本性创新。显而易见，创新引领的创新文化注重通过技术创新牵引、多要素协同的根本性创新能力，在对象上较“战略导向–创新驱动”传统范式下的创新文化更加聚焦。尽管有研究认为过度强化的核心能力可能会使企业走向能力刚性而钝化对市场需求的响应[34]，然而，从对华为案例的研究发现，建立在用户需求导向、形成市场感知能力基础上的技术创新，在提升新颖性的同时较好地避免了能力刚性，形成了华为持续跃迁的动态核心能力，其中内部制度创新、研发体系创新等变量发挥了调节效应。

最后，确保创新资源投入的制度规范、“全员参与、全体共治”的创新治理结构和支撑闭环管理的激励相容的运行机制是创新引领文化嵌入的主要通道。这些通道在华为的案例中都得到了一一证实。其一，持续的研发资金和人才投入是关键核心技术突破的底层基础设施，这与“战略导向–创新驱动”传统范式下绩效主义导向的资源投入形成鲜明对比。充足的创新资源投入与后发企业面临的资源劣势往往相悖，创新资源投入很容易受到企业高管更替和创始人经营理念变化的影响。因此，一种确保长期创新资源投入、全员认可和高效执行的制度规范十分重要，有助于将创新引领文化的内核形成稳固的组织惯例和员工价值观，从而以尽可能降低创始人及高管变动的随机扰动。从《华为基本法》的名称可以看出，华为在公司转型之初就通过公司制度的最高形式——“法”去推动创新引领形成长期的组织惯例。其二，“全员参与、全体共治”的治理结构，不仅能够有效激励包括全员创新、全方位创新、全要素创新在内的全面创新[35]，同时也是一种在创始人权力释放和抑制之间的平衡机制，其目的在于将创新引领文化的组织性嵌入，促进组织“自运行”地持续提升创新能力。华为的股东会、董事会、轮值 CEO 制以及全员持股计划共同构成了“全体共治”的治理结构。其三，制度规范和治理结构形成了创新引

① 见《华为基本法》第二十二条。

领文化形式上的嵌入，而支撑闭环管理的激励相容的运行机制则从实质上促进和保障了嵌入的成功和可持续，并外显为对创新战略的执行力。在华为经历的集成产品研发体系改革、集成财经体系改革等多个管理改革中，创始人及经营团队以身作则、率先垂范，就是建设运行机制加强创新执行力的例证。

创新引领为内核的创新引领文化嵌入机制，与非关键技术突破中的创新文化机制有明显不同，主要差异点在于：首先，前者强调基于长期主义的追求超越利润的目标，如以对行业和社会的贡献驱动企业创新激情、引导创新方向，高于一般意义上的企业经营目标，是先于企业战略设计的创新价值观，而后者的创新文化则服务于企业既定的战略目标，因此其创新文化可能是仅仅满足于一般经营目标；其次，前者强调基于“卡脖子”关键核心技术突破的协同创新，是聚焦技术创新的创新文化，而后者的创新范围更广，可以来自商业模式创新、组织创新、制度创新等。

5.2 支撑创新引领的战略协同机制

后发企业面对不同的机会窗口需要综合利用关系（linkage）、杠杆化利用（leverage）和学习（learning）[36]的“3L”机制，驱动企业全员全要素和全时空全面创新[37]，动态地创造持续竞争优势，推动技术创新能力由最初的“二次创新”[38]能力到自主创新能力[39]和整合式创新能力[40]，从而突破关键核心技术“卡脖子”问题，并催生持续的原始性创新和颠覆性技术成果。因此，创新引领技术创新能力的提升是一个动态非线性的过程，这就需要支撑创新引领体系的要素在企业发展的不同阶段主动做出适应性创新，包括创新战略、研发组织、企业文化以及制度管理等要素的全方位整合式创新。

基于利用式创新、探索式创新、市场和技术[41]等创新战略的结构化视角，通过华为的案例发现（图 2），随着后发企业技术创新能力的提升，创新引领的创新战略会在市场和技术两个要

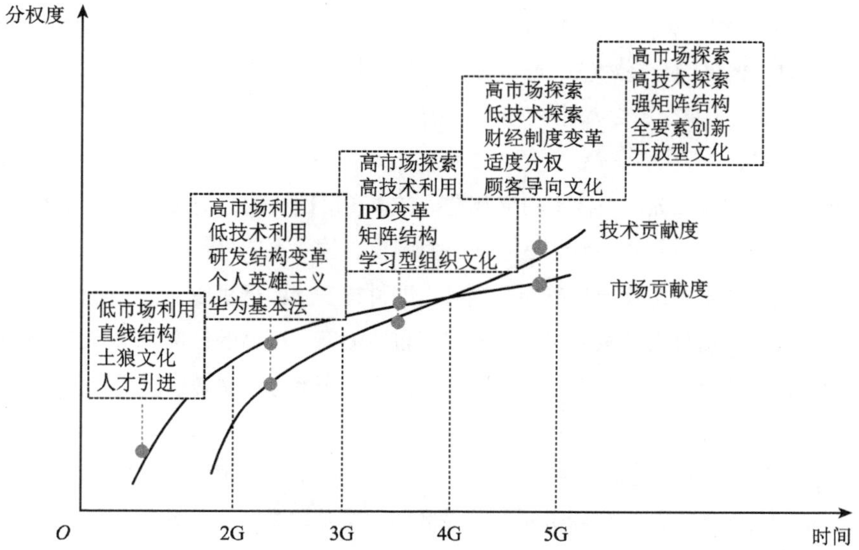

图 2 结构化视角下华为创新技术创新能力提升过程

素上从“低利用”到“高探索”演进，在追赶的前期表现为低市场利用型创新战略，而在超越追赶期则表现为高市场利用、高市场探索型创新战略[42]。与此同时，组织结构进行了由直线结构到矩阵结构再到强矩阵结构的变革，研发体系则由高度集中的研发体系演进到涵盖基础研究、技术创新、产品开发的分布式研发体系，借此基于科学的创新体系初步形成，企业文化则由崇尚个人英雄主义到学习型组织文化再到致力于提升生态化能力的开放型文化的转型。演进的总体趋势呈现为分权度逐渐增加、组织边界适度开放、治理模式的选择、开放式创新逐渐深入等。这些要素的创新和协同，是创新战略实施的支撑要件，而创新战略则是由创新引领文化和企业自身能力共同决定的，由此构成了“创新引领文化—创新战略—要素创新与协同”的机制。

5.3 保障创新引领的科技安全治理机制

通过创新能够获取基于独特性、新颖性的“超额租金”，但同时创新意味着高投入、高风险和长周期。因此，开放式创新[2]理论一经提出，就迅速应用于企业实践，学术界更是奉若宝典，俨然在高风险、高收益的悖论中找到了既能降低研发成本又能提升创新效率的一剂良药。合作研发、创新主体多元化、用户卷入、知识双向流、技术互利、在线员工、创新伙伴等成为阐释不同程度的开放式创新的关键词。

然而，实施开放式创新有一个重要的前提，就是自由、平等、开放的国际贸易环境。这一前提是很多后发企业并不具备的，尤其是中美贸易摩擦愈演愈烈中的中国企业，开放式创新面临着日趋严峻的国际环境。后发企业是刻画中国制造业崛起的一个重要情境，因为后发企业在追赶发展过程中，不仅面临的是技术、市场的资源劣势，还要面临国际贸易环境的制约、“来源国劣势”[43]等问题。因此，后发企业实施开放式创新从而提升技术创新能力存在潜在的不安全性和对外技术的过度依赖。这种不安全性不仅仅表现在对企业自身技术创新能力的潜在影响，更重要的是，也可能会制约整个产业链和相关产业，甚至带来毁灭性打击。2019～2020 年以美国为首的西方国家举全国之力对华为集中打压正是不安全性的爆发。这是一般追赶理论[38, 44, 45]研究中鲜有涉及的。

后发企业创新引领关键核心技术的突破是阶梯式、层次式的，而技术与产品之间并不是一对一的关系，可能是多对一或一对多。因而，关键核心技术突破过程中，需要寻找一种安全策略对产品线相关的技术群组逐步培养乃至突破，即科技安全治理机制，目的是确保技术体系和产品体系的可控性。这种安全策略包括但不限于自主创新、可靠的创新生态等。被媒体戏称为“备胎”的华为海思承担了这一功能。可以说，科技安全治理机制是创新引领关键核心技术突破的“压舱石”。

保障创新引领的科技安全治理机制是关键核心突破的特有机制，这也是创新引领关键核心技术突破的机制与非核心技术突破机制的明显区别。这是因为，在关键核心技术突破过程中，伴随着后发企业逐步缩小与先发企业的技术距离，先发企业可能会以维持自身位势为目的采取马基雅维利式的种种压制，包括技术封锁、市场打击等。因此，在后发企业关键核心技术突破时必须有居安思危的底线思维，一方面加快自身的关键核心技术突破，另一方面也要对未来技术进行前瞻性的布局，尽最大可能避免外部竞争对手乃至他国对自身关键核心技术突破所需的产业链、供应链和生态资源的封锁，进而提升企业应对外部创新危机的创新韧性和科技安全治理能力，以动态核心能力保障企业持续实现创新跃迁。

6 贡献与展望

6.1 理论贡献

第一，本文以华为作为创新引领发展的代表性和典型性企业进行案例研究，从微观层面探究并提出了创新引领理论驱动关键核心技术突破的机制，针对尚缺乏微观机制研究的创新引领新理论范式而言，进行了积极探索和补充。

第二，本文以华为作为典型案例，通过扎根案例研究，揭示了企业通过创新引领的发展目标驱动文化、战略和制度等多个维度的全要素创新，进而不断实现技术创新能力的跃迁、突破关键核心技术的过程机制，为其他后发企业应用创新引领理论，打造动态核心能力，加快创新追赶和超越追赶提供了理论和实践上的重要参考。

第三，本文通过案例分析，讨论并提出了企业通过创新引领为内核的创新文化嵌入机制、支撑创新引领的战略协同机制、保障创新引领的科技安全治理机制三个主要方面来加快关键核心技术突破的创新引领作用机制，为未来深入研究创新引领理论提供了新的思路。

6.2 研究局限性与展望

理论上，本文聚焦微观的企业层面通过创新引领突破关键核心技术的过程机制，未来需要对中观的产业层面和宏观的国家层面如何应用创新引领理论范式、加快关键核心技术“卡脖子”问题的突破机制进行研究。此外，本文以定性的纵向案例研究为主，揭示了华为创新引领提升自主创新能力和掌握关键核心技术从而超越追赶实现引领的过程机制，但是提炼出的模型和机制的可迁移性及广泛应用性还有待更多的多案例研究乃至定量研究加以深化与完善，从而丰富创新引领加快核心技术突破的机制研究，为我国乃至更多后发国家的后发企业超越追赶实现引领性发展提供理论启示。

参考文献

[1] von Hippel E. Lead users：a source of novel product concepts[J]. Management Science，1986，32（7）：791-805.

[2] Chesbrough H W. Open Innovation：The New Imperative for Creating and Profiting from Technology[M]. Cambridge：Harvard Business School Press，2003.

[3] Birnbaum R，Christensen C M，Raynor M E. The innovator's dilemma：when new technologies cause great firms to fail[J]. Academe，2005，91（1）：80.

[4] 尹西明，李楠，陈万思，等. 新中国 70 年技术创新研究知识图谱分析与展望[J]. 科学学与科学技术管理，2019，40（12）：19-34.

[5] 陈劲，尹西明. 范式跃迁视角下第四代管理学的兴起、特征与使命[J]. 管理学报，2019，16（1）：1-8.

[6] March J. Exploration and exploitation in organizational learning[J]. Organization Science，1991，2（1）：71-87.

[7] Lee K，Lim C. Technological regimes，catching-up and leapfrogging：findings from the Korean industries[J]. Research Policy，2001，30（3）：459-483.

[8] Fortune A，Mitchell W. Unpacking firm exit at the firm and industry levels：the adaptation and selection of firm capabilities[J]. Strategic Management Journal，2012，33（7）：794-819.

[9] Lavie D. Capability reconfiguration：an analysis of incumbent responses to technological change[J]. Academy of Management Review，2006，31（1）：153-174.

[10] Porter M E. What is a strategy？[J]. Harvard Business Review，1996（6）：61-78.

[11] Castel P，Friedberg E. Institutional change as an interactive process：the case of the modernization of the french cancer centers[J]. Organization Science，2010，21（2）：311-330.

[12] Cohen W M，Levinthal D A. Absorptive capacity：a new perspective on learning and innovation[J]. Administrative Science Quarterly，1990，35（1）：128-152.

[13] Barney J. Firm resources and sustained competitive advantage[J]. Journal of Management，1991，17（1）：99-120.

[14] Romijn H，Albaladejo M. Determinants of innovation capability in small electronics and software firms in Southeast England[J]. Research Policy，2002，31（7）：1053-1067.

[15] Hambrick D C. Upper echelons theory：an update[J]. Academy of Management Review，2007，32（2）：334-343.

[16] 陈力田. 企业技术创新能力演化研究述评与展望：共演和协同视角的整合[J]. 管理评论，2014，26（11）：76-87.

[17] 陈劲，曲冠楠，王璐瑶. 有意义的创新：源起、内涵辨析与启示[J]. 科学学研究，2019，37（11）：2054-2063.

[18] 刘海兵，许庆瑞，吕佩师. 从驱动到引领："创新引领"的概念和过程——基于海尔集团的纵向案例研究（1984—2019）[J]. 广西财经学院学报，2020，33（1）：127-142.

[19] 刘海兵，许庆瑞. 引领性创新：一种创新管理新范式——基于海尔集团洗衣机产业线的案例研究（2013—2020 年）[J]. 中国科技论坛，2020，（9）：39-48.

[20] 尹西明，陈劲，海本禄. 新竞争环境下企业如何加快颠覆性技术突破？——基于整合式创新的理论视角[J]. 天津社会科学，2019，（5）：112-118.

[21] 陈劲，尹西明，梅亮. 整合式创新：基于东方智慧的新兴创新范式[J]. 技术经济，2017，（12）：1-10，29.

[22] 许庆瑞，陈劲，尹西明. 企业经营管理基本规律与模式[J]. 清华管理评论，2019，（5）：6-11.

[23] 习近平. 在企业家座谈会上的讲话[EB/OL]. http://cpc.people.com.cn/n1/2020/0721/c64094-31792294.html[2020-07-21].

[24]Zhou K Z，Wu F. Technological capability，strategic flexibility，and product innovation[J]. Strategic Management Journal，2010，31（5）：547-561.

[25]张军，许庆瑞. 提升企业自主创新能力：从哪里出发？[J]. 清华管理评论，2017，（Z2）：32-39.

[26]Hambrick D C. Upper echelons theory：an update[J]. Academy of Management Review，2007，32（2）：334-343.

[27]Danneels E. Trying to become a different type of company：dynamic capability at Smith Corona[J]. Strategic Management Journal，2010，32（1）：1-31.

[28]Nadkarni S，Narayanan V K. Strategic schemas，strategic flexibility and firm performance：the moderating role of industry clockspeed[J]. Strategic Management Journal，2007，28（3）：243-270.

[29]Eisenhardt K. Building theories from case study research[J]. Academy of Management Review，1989，14（3）：532-550.

[30]Yin R K. Case Study Research：Design and Methods[M]. London：Sage Publications，1994.

[31]刘海兵. 创新情境、开放式创新与创新能力动态演化[J]. 科学学研究，2019，（9）：1680-1693.

[32]舒丽慧，陈工，陈政融. 后发企业原始性创新能力形成的创新范式——基于华为公司的案例研究[J]. 广西财经学院学报，2020，33（3）：43-54.

[33]徐拥军，王露露.华为公司知识管理的特点及启示[J].广西财经学院学报，2020，33（2）：25-33.

[34]许庆瑞，吴晓波，陈劲，等. 中国制造：超越追赶的创新战略与治理结构研究[M]. 北京：科学出版社，2019.

[35]许庆瑞. 全面创新管理：理论与实践[M]. 北京：科学出版社，2007.

[36]Mathews J A.Competitive advantages of the latecomer firm：a resource-based account of industrial catch-up strategies[J]. Asia Pacific Journal of Management，2002，19（4）：467-488.

[37]许庆瑞，郑刚，陈劲. 全面创新管理：创新管理新范式初探——理论溯源与框架[J]. 管理学报，2006，（2）：135-142.

[38]吴晓波. 二次创新的进化过程[J]. 科研管理，1995，（2）：27-35.

[39]陈劲. 从技术引进到自主创新的学习模式[J]. 科研管理，1994，（2）：32-34，31.

[40]尹西明，陈红花，陈劲. 中国特色创新理论发展研究——改革开放以来中国原创性创新范式回顾[J]. 科技进步与对策，2019，36（19）：1-8.

[41]吴晓波，余璐，雷李楠. 超越追赶：范式转变期的创新战略[J]. 管理工程学报，2019，34（1）：1-8.

[42]刘海兵，杨磊，许庆瑞. 后发企业技术创新能力路径如何演化？——基于华为公司 1987—2018 年的纵向案例研究[J]. 科学学研究，2020，38（6）：1096-1107.

[43]魏江，王丁，刘洋. 来源国劣势与合法化战略——新兴经济企业跨国并购的案例研究[J]. 管理世界，2020，36（3）：101-120.

[44]Hobday M. East Asian latecomer firms：learning the technology of electronics[J]. World Development，1995，23（7）：1171-1193.

[45]Kim L. Imitation to Innovation：The Dynamics of Korea’s Technological Learning[M].Boston：Harvard Business Press，1997.

Research on Mechanism of Innovation-leading Key and Core Technology Breakthrough: Based on Case Study of Huawei

Liu Haibing[1,2], Yin Ximing[3,4], Chen Jin[4,5], Huang Tianwei[1,2]

(1. Evergrande School of Management, Wuhan University of Science and Technology, Wuhan 430081, China; 2. Hubei Industrial Policy and Management Research Center of Wuhan University of Science and Technology, Wuhan 430081, China; 3. School of Management and Economics, Beijing Institute of Technology, Beijing 100081, China; 4. Research Center for Technological Innovation, Tsinghua University, Beijing 100084, China; 5. School of Economics and Management, Tsinghua University, Beijing 100084, China)

Abstract: As a new innovation paradigm, innovation leading is an inevitable choice for latecomer firms to go beyond catch-up and accelerate the technological independence and self-improvement. The breakthrough of key and core technology is an important goal of innovation leading theory, and it is also the underlying logic of Chinese manufacturing industry to overcome "big yet not strong" and go beyond catch-up path. Based on the innovation practice of Huawei's key and core technology breakthrough, this paper discusses the mode of innovation-leading key and core technology breakthrough by using grounded case study method. It is found that the embedding mechanism of innovation culture, the strategic coordination mechanism supporting innovation leading and the scientific and technological security governance mechanism ensuring innovation leading are the specific process mechanisms for innovation leading to accelerate the breakthrough of key and core technologies. This paper improves the new theoretical paradigm of innovation-leading from the micro-enterprise level, and provides theoretical and practical enlightenment for latecomer firms to accelerate the building of dynamic core competence, master key and core technologies and go beyond catch-up, so as to achieve China's self-reliance and self-improvement of high-level science and technology.

Keywords: innovation-leading; leading innovation; key and core technology; self reliance in science and technology

何时“换道超车”？新市场进入时机与生存绩效——来自成熟产业的经验研究*

李纪珍，李论，张开迪

（清华大学 经济管理学院，北京 100084）

摘要：运用生存分析法，基于1990～2010年美国航空产业这一成熟产业的新航线数据，探究了成熟产业中新市场进入时机对其生存绩效的影响。研究发现：新市场的进入时机与生存绩效呈倒“U”形关系，即新市场的生存绩效先随新市场进入时机的延后而升高，后随进入时机的延后而降低。在运用倾向得分匹配（propensity score matching，PSM）方法控制选择偏误后，两者的倒“U”形关系依然成立。进一步实证分析结果显示：先发者具有先占效应，提前锁定稀缺资源和目标客户，而后发者具有学习效应，降低试错成本、提高竞争能力，两者共同导致进入时机与生存绩效的倒“U”形关系。

关键词：成熟产业；新市场；进入时机；生存绩效；先占效应；学习效应

中图分类号：F272　文献标识码：A

成熟产业中的在位企业要想实现生存和发展，需要识别新的目标客户，进入新市场[1]。新市场的开发可以有效减少与竞争企业的直接竞争[2]，从而取得更好的绩效[2, 3]。在位企业进入新市场既体现出其战略定位，又体现出其战略转型，是打破原有经济平衡，实现持续增长的关键举措[4]。但何时进入最合适？学者普遍认为新市场的进入时机与企业绩效有着一定联系[5-7]。对进入时机的研究最早起源于产业组织理论[8, 9]。在20世纪70年代末80年代初的战略管理领域，有学者提出“先发优势”（first-mover advantage），指出先进入企业具有技术领先、稀缺资源占有和购买者转换成本三大竞争优势[10, 11]；后发企业在资源、能力、合法性等方面的缺乏导致其死亡率远远高于先发企业[12]。20世纪90年代，有学者指出后发企业可以凭借“搭便车”效应、在位者惯性以及技术和顾客的不连续性，通过变革取代先发企业，因而具有“后发优势”（late-

---

* 基金项目：国家自然科学基金面上项目“科技型中小企业股东人力资本、股权结构与企业成长研究”（71772103）。

作者简介：李纪珍（1974—），男，湖北黄冈人，清华大学经济管理学院教授，研究方向为创新与创业管理、科技政策、项目管理；（通讯作者）李论（1994—），男，安徽阜阳人，清华大学经济管理学院博士研究生，研究方向为创业管理、创新评价；张开迪（1993—），男，河南郑州人，清华大学经济管理学院博士研究生，研究方向为战略管理。

mover advantage）[13]。本文认为，以往的学者几乎无一例外地以新兴产业为切入点，关注新兴产业的进入时机，鲜有学者关注成熟产业中在位企业如何寻找新的机会，如何选择新市场的进入时机[14-17]，这是本文的重要贡献之一。

本文关注新市场进入时机对生存绩效的影响，而并非传统研究中关注对财务绩效的影响[15]。企业生存是其最基本的目标[18]。管理学领域的已有生存研究多数以企业为研究对象，相关研究重点考察了外部环境、内部资源以及战略决策等对企业生存的影响[19]。本文进一步将生存研究拓展到企业中的市场层面，探究企业在某一新市场生存绩效的影响因素，有助于更深刻地理解企业动态和成长过程，是对企业生存研究的拓展和完善。

关于新市场进入是存在先发优势还是后发优势，学术界至今没有形成统一的结论[5, 20]，有关进入时机的影响解释机制也大多停留在理论层面[10, 11, 21]，缺乏实证研究。受到“动态竞争理论”开创者陈明哲等研究战略行为的启发[22-24]，本文以发展近百年的美国成熟产业——航空业为例，采用 1990～2010 年美国航空公司新航线的数据，运用实证法研究成熟产业中在位企业的新市场进入时机对生存绩效的影响及其机制。这为解决最佳进入时机的学术争论提供新的理论思路和实证发现。

本文接下来的安排如下：首先是理论分析，阐明进入时机影响生存绩效的作用机制；其次是研究设计；再次，基于“加速时间失效模型”，分析进入时机对生存绩效的影响，通过倾向得分匹配法以及中介效应检验等对作用机制进行稳健性检验；最后是本文的研究结论与建议。

1 文献回顾与假设提出

成熟产业中的在位企业需要不断寻找和进入新的市场，这样企业不仅可以实现生存，还可以做到快速成长并获得丰厚回报[3, 25]，然而新市场本身具有不确定性和模糊性[26, 27]，有可能给企业带来无法承担的损失。因此，在位企业需要选择合适的进入时机从而实现生存绩效最大化。已有研究表明，进入时机对企业的经营与绩效会造成重大影响[17, 28, 29]。一方面，企业可以领先进入新市场，获得先动优势[30]，得到投资者青睐[31]，提升管理盈利能力等[15]；但是过早进入会缺少合法性，需要面对市场的不确定性，甚至承担开发市场的成本和风险[10, 32]。另一方面，企业可以延迟进入新市场，随着进入时机的延后，市场内相关知识，如资源配置、销售渠道、管理经验等会不断累积，后发者可以避免市场不确定性[26]，降低企业试错风险[33]，充分学习相关经验[34]；但随着进入时机的延后，新市场中的竞争者也会增多，激烈竞争导致企业失败的可能性提高[35, 36]。

本文在梳理已有文献的基础上，指出成熟产业中企业进入新市场的时机选择对其生存绩效有重要影响，主要表现为先发企业的先占效应和后发企业的学习效应。

一方面，先发企业会利用一切要素获取稀缺资源，攫取市场份额，保持竞争优势[10, 11]，对后来者的战略制定、市场推广、运行管理造成威胁，不利于后发企业的生存和发展。先发企业可以通过积分、会员等诸多方式提高顾客黏性，扩大品牌影响力，提前锁定目标客户，使得后发企业进入新市场时竞争更加激烈[26, 28]。后发企业进入时机越晚，越多目标客户被先发企业锁定。因此，先发企业有更多机会迅速占据市场份额，提升品牌影响力，锁定目标客户与市场[36]；后发企业较晚进入新市场，竞争密度上升，顾客转换成本增加，品牌影响力较弱，使得后发企业经营失败的风险大大提高，因而给企业在新市场的生存带来不利影响[37]。

以往也有学者在研究中指出，进入时机越早，越有助于企业扩散品牌影响力，攫取目标客户；进入时机越晚，顾客转换成本越高，越不利于扩散品牌影响力，越难占据目标市场[26]，这在一定程度上支持了我们的研究。Hannan 和 Freeman[38]指出，随着种群密度的升高，环境的容纳量会越来越有限，组织死亡的风险逐渐增高。肖兴志等[16]指出企业的规模扩张对企业的生存绩效产生显著的正向影响，企业进入新市场越早，越早进行规模扩张。因此，我们将先发者的先占效应表述为，企业进入某一新市场越早，市场机会越丰富，顾客转换成本越低，越容易锁定目标客户，占据有利的生态位，从而利于企业提升在新市场的生存绩效。

另一方面，进入时机越晚，后发企业可以学习和借鉴的知识越多，学习效应会带来生存绩效的提升。在某一新市场站稳脚跟离不开对特定知识的掌握，包括消费者的不同需求和与之相适应的生产、管理、运营等相关知识[39]。后发企业为了获取特定知识有必要向先发企业学习。学习方式主要有两种[40, 41]：①认知学习，后发企业通过观察先发企业的行为或结果，将观察所得信息通过认知加工转化为对自身有价值的知识；②网络学习，后发企业通过与先发企业的互动合作形成互动网络，通过社会网络来获取必备知识[42]。无论哪种学习方式，后发企业均需要搜寻知识、评估知识、理解知识和转化知识，这些过程短时间内无法有效完成[43]，进入时机的延后有助于组织有效学习。

国内学者谢雅萍和黄美娇[44]指出组织的核心能力本质上由知识构成，而组织学习是获取核心能力的源泉。Levitt 和 March[45]也指出，组织学习是组织赖以生存的关键，通过借鉴学习，可以将市场中已存在的知识吸收转化为自身能力，不仅有助于组织存续，更有助于组织长期绩效的提升。Lévesque 等[26]明确提出，进入时机越靠后，向他人学习的知识经验越多，越有助于提高收益可能性，降低死亡风险，为我们提出学习效应提供了支持。因此，我们将后发企业的学习效应表述为，后发企业进入某一新市场越晚，可借鉴的相关经验越多，市场中的更多参与者也可为其提供更多的学习机会，学习效果会更好，有利于其将他人经验转化为自身能力[44]，从而提高进入该新市场后的生存绩效[16]。

综合以上分析，成熟产业中在位企业选择合适时机进入新市场时，不仅要考虑先发者的先占效应所导致的剩余目标客户减少、死亡风险加剧等[36]，还应考虑后发者的学习效应所带来的知识和经验增加等影响。因此，本文提出如下假设。

新市场的时机选择同时存在减少潜在机会的先占效应和提高潜在能力的学习效应，最终，在位企业进入新市场的生存绩效先随着时机的延后而升高，后随着时机的延后而降低，二者呈现倒“U”形关系。

2　研究设计

2.1　数据与背景说明

本文参考 Greve[46]以地理位置区分新市场的做法，定义航空公司的新航线为新市场。该数据来源于美国交通统计局（Bureau of Transportation Statistics）①，涵盖了航线的起点、终点、运营航空公司、载客数量等数据，在此基础上本文又匹配了该局统计的航空公司的财务、人员等数据。航空业的航线数据为观察公司的战略行为提供了可能，国际管理学期刊中有大量的战略管理研究也都是基于航线的数据[22-24]。

美国航空业有近百年历史，但是很长一段时间内都处在严格监管之下，只有如 American Airlines、Continental Airlines、Delta 等大型航空公司和少部分的小航空公司得到允许运行。同时，产业还限制新企业进入、禁止航空公司合并、管制航空定价等。随着 20 世纪七八十年代开始实施一系列放松监管和市场化改造的政策与法案，如 Airline Deregulation Act、废除美国民用航空管理局等，美国航空业取消了对进入航空业、自由定价、运营权利、运营范围等的限制，正式变成一个自由竞争市场[47]。本文主要采用美国航空业 1990～2010 年的数据，并将美国航空业航线进入、退出和行业总收入情况通过图 1 展示出来，可以看到 1990 年以后新进入航线数量呈上升趋势，而退出航线数量先是较少，后是较多。同时，美国航空业行业总收入相对稳定，表明美国航空业的发展已经进入成熟阶段。

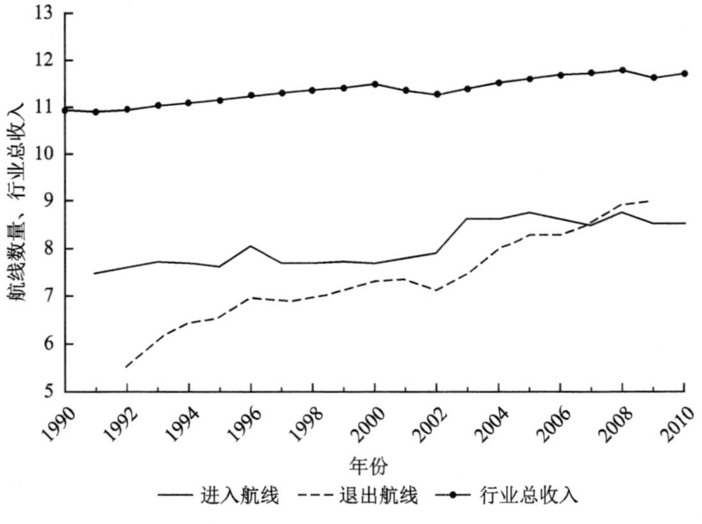

图 1　美国航空行业航线进入/退出情况

资料来源：作者整理

"进入航线"为当年新进入航线数量，取对数；"退出航线"为当年退出航线数量，取对数；"行业总收入"为美国航空业总收入考虑通货膨胀后的值，单位百万美元，取对数

① https://www.transtats.bts.gov。

笔者通过匹配新航线、企业、行业等数据一共得到1990～2010年106家航空公司69 209条新航线的223 534条记录数据。

2.2 模型设定和变量测量

借鉴先前研究[48, 49]，本文主要采用生存分析法研究新市场的进入时机对生存绩效的影响，分析单元为航空公司每条新航线的生存绩效，首先采用“舍恩菲尔德残差检验”法对是否采用比例风险模型（包括Cox模型）进行检验，结果拒绝了比例风险假设[50]。因此本文主要采用加速失效时间模型（accelerated failure time model），主要模型设定如式（1）所示。

$$\ln t_{ij} = \text{entry}_{ij}\beta + X_{ij}\gamma + z_{ij} \quad (1)$$

式中，$\ln t_{ij}$ 为因变量，代表公司 j 的新市场 i 的生存时间；entry_{ij} 为自变量，代表公司 j 进入新市场 i 的相对时机，参考Zhang等[43]的做法，该指标为公司 j 进入新市场 i 时，其他公司已经在 i 市场持续的加权时间，权重是通过雇员人数表示的公司规模计算，为减弱可能的共线性问题，本文对进入时机进行中心化处理；X_{ij} 为控制变量，包括航线层面、公司层面和产业层面滞后一期的变量，分别是航线距离（为分类变量，取值为1～20，该值越大代表距离越远）、企业年龄、企业收入（取对数）、管理层占比、是否盈利、航线数量（取对数）、美国国内生产总值（以2010年为基期的不变价格，单位美元，取对数）和国际原油价格（每桶价格，单位美元，取对数）；z_{ij} 为分布为 $f(t)$ 的残差项，其分布的假设对于加速失效时间模型来说较为关键。参考Ugur等[49]的做法，本文根据指数分布模型、威布尔分布模型、对数逻辑模型和对数正态模型等分别计算模型的AIC（Akaike information criterion，赤池信息量准则）值，发现对数正态模型的拟合优度最好，因此主要采用对数正态分布的加速失效时间模型。该模型估计的系数为自变量边际变动1单位时平均生存时间变动的百分比。同时，由于在研究中同一年相同企业的所有航线样本具有的关联性较强，因此模型中采用聚类稳健标准误估计[51]。

3 实证结果与分析

3.1 变量描述分析

在进行回归前，汇报主要变量的描述性统计结果，具体见表1。主要变量的相关性系数见表2。

表1 描述性统计结果

变量名	含义	观测数	均值	标准差	最小值	最大值
Entry timing	进入时机（中心化）	223 534	0	3.844 5	−2.718 6	16.201 4
Entry timing^2	进入时机平方	223 534	14.780 2	24.915 7	0	262.485 3
Distance	航线距离（分类）	223 534	2.495 1	2.114 5	1.000 0	20.000 0

续表

变量名	含义	观测数	均值	标准差	最小值	最大值
Age	企业年龄	223 534	28.935 1	13.945 1	0	49.000 0
Revenue	企业收入（取对数）	223 534	14.428 8	1.905 1	7.403 5	17.021 5
Management ratio	管理层占比	223 534	0.027 1	0.039 8	0	0.423 1
Profit	是否盈利	223 534	0.643 4	0.479 0	0	1.000 0
Route num	航线数量（取对数）	223 534	6.787 5	0.908 3	0.693 1	8.128 6
GDP	国内生产总值（取对数）	223 534	30.201 4	0.144 8	29.834 6	30.342 8
Oil	国际原油价格（取对数）	223 534	3.817 9	0.463 6	2.884 2	4.641 2

表 2　主要变量的相关性系数

变量	1	2	3	4	5	6	7	8	9	10
1. Entry timing	1									
2. Entry timing^2	0.8221***	1								
3. Distance	−0.1360***	−0.0633***	1							
4. Age	−0.0900***	−0.0807***	−0.0524***	1						
5. Revenue	−0.2267***	−0.2092***	0.1163***	0.5107***	1					
6. Management ratio	0.1003***	0.0534***	−0.0342***	−0.2335***	−0.4217***	1				
7. Profit	0.0309***	0.0131***	−0.0943***	−0.0993***	−0.0221***	0.0820***	1			
8. Route num	−0.1474***	−0.1090***	−0.0506***	0.4709***	0.6455***	−0.2946***	−0.0405***	1		
9. GDP	0.2764***	0.2478***	−0.0742***	0.1809***	−0.0242***	0.0038*	−0.0069***	0.1768***	1	
10. Oil	0.2288***	0.2396***	−0.0621***	0.1582***	0.0030	−0.0310***	−0.0902***	0.1878***	0.7762***	1

*、***分别表示 10%、1%水平上的显著性

3.2　实证分析

本部分基于 1990～2010 年美国航空公司新航线的数据进行生存分析，同时对结果进行阐释，步骤如下：①利用对数正态分布的加速失效时间模型对于新航线进入时机和生存绩效进行回归得到本文的基准结果；②在此基础上，本文为了克服样本选择问题采用倾向得分匹配法来验证结果的稳健性。

表 3 中汇报了基准回归的结果，所有模型都基于对数正态分布的加速失效时间模型，其系数代表当自变量边际变动时，平均生存时间变动的百分比。其中第（1）列是在控制其他控制变量的情况下，加入自变量进入时机（Entry timing），可以看到进入时机与生存绩效呈现正向显著的关系，回归系数为 0.0249，且 $p<0.01$，这代表着每增加一个单位的进入时机，平均生存时间就会增加 2.49%；第（2）列是在第（1）列模型的基础上再加上进入时机平方（Entry timing^2），可以看到进入时机一次项 Entry timing 与平均生存时间的关系依然是正向显著的，回归系数为 0.0462，且 $p<0.01$，而进入时机二次项与平均生存时间的关系则是负向显著的，回归系数为−0.0037，且 $p<0.01$。这说明进入时机与平均生存绩效呈现倒“U”形关系。本文进一步去除异常值①后，将进入时机和平均生存时间在图 2 中展现出来，可以看到随着进入时机的增加，平均生存时间上升至峰值，后又逐步下降。因此，本文假设得到支持。

表 3　进入时机与生存时间

变量	（1）	（2）
Entry timing	0.024 9*** （0.002 8）	0.046 2*** （0.004 2）
Entry timing^2		−0.003 7*** （0.000 5）
Distance	−0.023 9*** （0.005 6）	−0.021 4*** （0.005 6）
Age	0.001 3 （0.002 1）	0.001 4 （0.002 1）
Revenue	0.111 4*** （0.019 3）	0.108 0*** （0.019 2）
Management ratio	−0.018 4 （0.512 6）	−0.082 7 （0.512 9）
Profit	0.168 8*** （0.046 3）	0.170 2*** （0.046 4）
Route num	0.028 9 （0.033 1）	0.034 2 （0.033 1）
GDP	−1.072 6*** （0.169 5）	−1.111 1*** （0.169 9）
Oil	−0.429 2*** （0.070 6）	−0.402 7*** （0.070 4）
常数项	是	是
聚类稳健标准误	是	是
样本观测数	223 534	223 534
对数伪似然值	−78 601.106	−78 520.78
卡方检验值	782.62	797.45
p 值	0.000 0	0.000 0

注：括号中的数值为考虑聚类情况下的标准误

***表示 1%水平上的显著性

① 仅取 1%～99%的值。

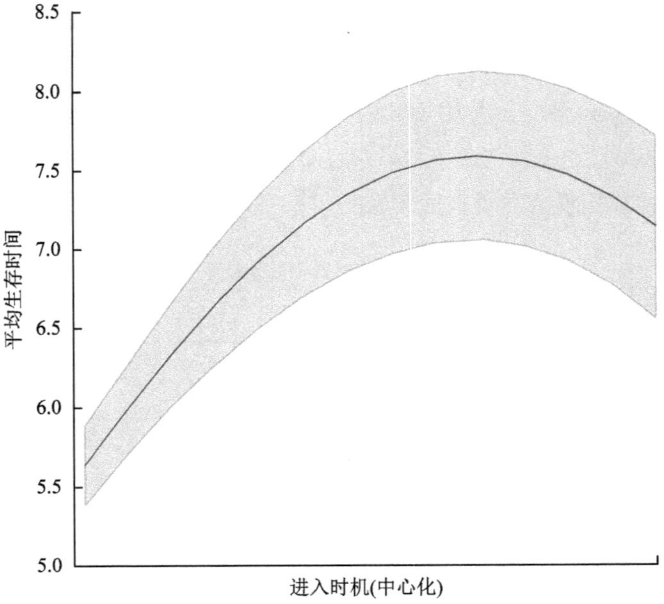

图 2　进入时机和平均生存时间（95%置信区间）

就控制变量而言，可以发现在第（1）列、第（2）列结果中，企业年龄（Age）、管理层占比（Management ratio）、航线数量（Route num）与平均生存时间的关系并不显著，而企业收入（Revenue）和是否盈利（Profit）与平均生存时间呈现正向显著的关系，航线距离（Distance）与平均生存时间呈现负向显著的关系。从行业来看，国内生产总值（GDP）和国际原油价格（Oil）与新航线平均生存时间呈现负向显著的关系，国际原油价格每增大一个单位，新航线平均生存时间要减少超过 40%，这与先前研究认为航空业很容易受到原油价格影响是一致的[47]。

3.3　内生性处理：倾向得分匹配法

新航线进入时机受到其他因素的影响会导致本文研究可能存在内生性问题，例如，能力更差的企业更可能开辟新的航线，导致进入新航线时机越早越容易退出。由于生存分析中无法有效运用工具变量方法，本文主要采用倾向得分匹配法来解决可能存在的样本自选择问题[52]。具体而言，本文根据航线层面特征（航线距离）、企业层面特征（航线进入时间前一年的企业年龄、企业收入、管理层占比、是否盈利、航线数量）和产业层面特征（国内生产总值、国际原油价格），匹配方法采用 1∶1 近邻匹配，分别根据进入时机是否大于均值、大于 75%和大于 90%来生成处理效应，再根据估计得分进行匹配，得到除了在进入时机有差异而在其他维度上没有显著差异的样本①。

基于匹配后的样本再采用对数正态分布的加速失效时间模型，具体结果见表 4，其中第（1）

① 均符合平衡性假设和共同支撑假设的要求。

列是以大于进入时机均值为处理效应匹配后的样本，可以看到进入时机的一次项（Entry timing）的系数依然显著为正，而二次项（Entry timing^2）的系数显著为负，说明进入时机与平均生存时间之间依然存在着倒“U”形关系。第（2）列是以大于进入时机75%为处理效应匹配后的样本，第（3）列是以大于进入时机 90%为处理效应匹配后的样本，从数据中可以看到进入时机与平均生存时间存在倒“U”形关系的结果是稳健的。

表 4 进入时机和生存时间（倾向得分匹配法）

变量	（1）	（2）	（3）
	均值	75%	90%
Entry timing	0.049 2*** （0.004 2）	0.048 8*** （0.004 2）	0.036 8*** （0.004 7）
Entry timing^2	−0.004 3*** （0.000 5）	−0.004 2*** （0.000 5）	−0.002 7*** （0.000 5）
控制变量	控制	控制	控制
聚类稳健标准误	是	是	是
样本观测数	167 444	144 074	83 518
对数伪似然值	−63 622.685	−56 379.063	−36 772.332
卡方检验值	477.85	349.42	123.57
p 值	0.000 0	0.000 0	0.000 0

注：括号中的数值为考虑聚类情况下的标准误

***表示 1%水平上的显著性

3.4 影响机制的进一步分析

通过以上实证分析发现，在位企业的新市场进入时机与生存绩效存在着倒“U”形关系。在理论分析中，本文提出进入时机对于生存时间的作用是先发者先占效应和后发者学习效应共同作用的结果，为了验证进入时机对于生存时间的机制作用，本文构建检验这两种效应的代理变量，并分别对影响机制进行稳健性检验。

就先占效应而言，主要考虑先发企业相比于后发企业在市场上的相对品牌影响力，先发企业的相对品牌影响力越强，则顾客的忠诚度越高，转换成本越高，越容易锁定目标客户；反之，先发企业的相对品牌影响力越弱，则顾客黏性越差，转换成本越低，越难以锁定目标客户。具体而言，借鉴 Burgelman[53]以及 Shi 等[54]的研究，用先发企业在起点、终点城市开设航线总数与后发企业在起点、终点城市开设航线总数的比值来衡量（用 Lockin 表示）。该比值越大，说明先发企业的相对品牌影响力越强，先占效应越强。

就学习效应而言，主要考虑后发企业可以从先发企业学习到的有关知识。航空公司所拥有的特定新市场的知识直接决定了该新市场的绩效表现，企业创始人和员工的先前知识总是有限的，新市场中其他企业就成为企业学习知识的主要来源[26, 55, 56]。当进入时机越晚，特定航线新市场中的在位企业就相对越多，新进入企业可以从其他在位企业学习到的经验也就越丰富[26]。

因此，本文参考 Yang 等[34]的方式，通过航空公司进入新航线时，该新航线的在位企业数量来衡量（用 Learn 表示）。新市场的在位企业数量越多，新进入航空企业可以学习到的知识越多，学习效果越好，在该新市场中的生存时间就会越长。

本文利用构造的代理变量做中介机制的检验，采用逐步回归法[57]，具体结果见表 5，其中第（1）列以先占效应（Lockin）为因变量，以进入时机（Entry timing）和其二次项（Entry $timing^2$）为自变量，可以发现进入时机与先占效应（Lockin）存在着正向显著的关系，回归系数为 0.3131，且 $p<0.01$，而二次项（Entry $timing^2$）与先占效应（Lockin）存在负向显著关系，回归系数为 –0.0249，且 $p<0.01$。第（2）列是以用进入新航线时企业数量度量的学习效应（Learn）为因变量，以进入时机（Entry timing）和其二次项（Entry $timing^2$）为自变量，可以发现进入时机（Entry timing）与学习效应（Learn）存在着正向显著的关系，回归系数为 0.6787，且 $p<0.01$，而其二次项（Entry $timing^2$）与学习效应（Learn）存在负向显著的关系，回归系数为–0.0455，且 $p<0.01$。第（3）列同样是用对数正态分布的加速失效时间模型，以平均生存时间为自变量，在基准模型的基础上放入先占效应（Lockin），发现先占效应与平均生存时间存在着负向显著的关系，回归系数为–0.0300，且 $p<0.05$。第（4）列也是如此，以平均生存时间为因变量，在基准模型的基础上放入学习效应（Learn），发现学习效应与平均生存时间存在着正向显著的关系，回归系数为 0.0206，且 $p<0.01$。

表 5 影响机制分析

变量	（1）	（2）	（3）	（4）	（5）	（6）
	Lockin	Learn	Survival time	Survival time	Survival time	Survival time
Entry timing	0.313 1*** （0.003 4）	0.678 7*** （0.013 2）	0.056 2*** （0.005 8）	0.031 4*** （0.004 4）	0.051 2*** （0.005 7）	0.035 3*** （0.005 5）
Entry $timing^2$	–0.024 9*** （0.000 5）	–0.045 5*** （0.001 6）	–0.004 5*** （0.000 6）	–0.002 7*** （0.000 5）	–0.004 4*** （0.000 6）	–0.002 8*** （0.000 6）
Lockin			–0.030 0** （0.014 0）		–0.110 5*** （0.016 8）	–0.149 8*** （0.018 5）
Learn				0.020 6*** （0.004 3）	0.044 6*** （0.005 2）	0.100 5*** （0.010 7）
Lockin×Learn						–0.029 2*** （0.003 6）
控制变量	控制	控制	控制	控制	控制	控制
聚类稳健标准误	是	是	是	是	是	是
样本观测数	223 534	223 534	223 534	223 534	223 534	223 534
对数伪似然值			–78 509.078	–78 474.237	–78 377.499	–78 216.249
卡方检验值			837.94	798.72	919.13	903.95
p 值	0.000 0	0.000 0	0.000 0	0.000 0	0.000 0	0.000 0

注：括号中的数值为考虑聚类情况下的标准误

、*分别表示 5%、1%水平上的显著性通过以上检验，本文证明进入时机对平均生存时间的影响存在先占效应（Lockin）和学习效应（Learn）两种中介机制，进入时机越晚，先占效应和学习效应都越强，先发者的先占效应与后发者的平均生存时间是负向关系，而后发者的学习效应与后发者的平均生存时间是正向关系。为了验证两种效应同时存在的作用，本文继续进行检验。第（5）列为在基准模型的基础上同时放入先占效应（Lockin）和学习效应（Learn），发现二者都是显著的，其中先占效应（Lockin）的回归系数为−0.1105，且 $p<0.01$；学习效应（Learn）的回归系数为 0.0446，且 $p<0.01$。第（6）列是在第（5）列模型的基础上，加入先占效应和学习效应的交乘项（Lockin×Learn），可以看到交乘项（Lockin×Learn）的系数为−0.0292，且 $p<0.01$，代表着当先占效应和学习效应都较大时，先占效应的主导作用更强。由此可以证实，进入时机对生存时间的影响，同时存在先占效应和学习效应，二者共同作用，导致倒“U”形关系。

4 研究结论与建议

本文以美国成熟的航空产业为例，探究成熟产业中在位企业的新市场进入时机对生存绩效的影响，通过对进入时机的影响机制开展深入分析，深化学术界对进入时机的理解，为我国产业界以及政策制定者提供借鉴和参考。

本文研究发现，成熟产业中在位企业新市场的进入时机与生存绩效存在着倒“U”形关系，即新市场的进入存在着最佳进入时机。本文证明了新市场进入时机和生存绩效同时存在先占效应和学习效应：一方面，当进入时机较晚时，先占效应使得顾客转换成本更高，竞争更激烈，剩余机会更有限，因此随着进入时机的延后，市场生存时间会缩短；另一方面，当进入时机较晚时，学习效应导致的知识积累更丰富，因此随着进入时机的延后，后发企业的市场生存时间更持久。两种效应叠加影响，共同作用，最终导致进入时机与生存绩效的非线性关系。

本文的主要理论贡献有三点。首先，以往进入时机的研究大多只关注战略新兴产业，缺乏对成熟产业的研究与探讨[15]，本文拓宽了进入时机的研究领域，基于美国成熟产业航空业1990～2010年新航线数据进行实证检验，研究发现，与战略新兴产业采取领军进入的策略不同[15]，成熟产业中的新市场的进入时机与生存时间呈倒“U”形关系，对学者更加全面地理解进入时机的影响具有重要意义。其次，本文探究进入时机对生存绩效的影响，提供了研究企业生存的新视角，并且将企业生存的研究细化到新市场层面，有助于学者更好地理解组织生态理论。最后，为解决先发还是后发这一争议已久的问题，本文提出进入时机对生存绩效的影响存在先占效应和学习效应两种机制，二者呈现倒“U”形关系，存在最佳进入时机点，这一倒“U”形关系的发现和解释弥补了先前研究在新市场战略、进入时机影响具体机制等方面的不足。

2021 年是“十四五”规划元年，我国经济转型升级迎来重大发展机遇，光伏产业、钢铁产业等发展较为成熟，甚至出现产能过剩的局面，战略转型刻不容缓，成熟产业中的在位企业如何寻找新的增长点是当前学术界和实践界共同面临的难题。成熟产业中的在位企业可以凭借开发新的新市场实现生存和发展，对我国当下光伏产业、钢铁产业等成熟产业的转型发展具有重大启示意义。

首先，成熟产业中的在位企业应当注重选择合适的时机来开发和利用市场机会。发现市场机会固然重要，但是在位企业发现机会后应当何时开发和利用呢？市场机会普遍存在着较高的不确定性和模糊性[27]，而开发和利用机会需要付出极大的精力和成本，在资源有限的情况下，在位企业不应该仅仅来“碰运气”，而是通过理性地选择进入时机来规避风险，实现绩效最大化。本文的研究证明新市场的进入的确存在“最佳时机”。

其次，最佳进入时机的确定需要考虑先占效应和学习效应的共同作用。开发和利用市场机会是需要知识的，但是企业自身的知识往往不足以满足要求，因此需要进行知识经验的学习。如果花费太多时间学习与市场机会有关的知识也是不可取的，因为过久的等待会导致市场机会被竞争对手开发殆尽。当充分获得相关知识经验，同时新市场又存在较多机会的时候，在位企业选择此时进入更容易取得优异的市场绩效，更容易获得持久的生存时间。

参考文献

[1] 刘守英，杨继东. 中国产业升级的演进与政策选择——基于产品空间的视角[J]. 管理世界，2019，35（6）：81-94，194-195.

[2] Carter N M，Stearns T M，Reynolds P D，et al. New venture strategies：theory development with an empirical base[J]. Strategic Management Journal，1994，15（1）：21-41.

[3] Gartner W B，Starr J，Bhat S. Predicting new venture survival：an analysis of “anatomy of a start-up.” cases from Inc. Magazine[J]. Journal of Business Venturing，1999，14（2）：215-232.

[4] 熊鸿儒. 后发企业的开放式创新：来自中国的证据[J]. 创新与创业管理，2016，（1）：53-65.

[5] Lambkin M. Order of entry and performance in new markets[J]. Strategic Management Journal，1988，9：127-140.

[6] Zhao E Y，Ishihara M，Jennings P D. Strategic entrepreneurship’s dynamic tensions：converging（diverging）effects of experience and networks on market entry timing and entrant performance[J]. Journal of Business Venturing，2020，35（2）：105933.

[7] 王敏，刘运青. 新兴技术初创企业双重“新进入缺陷”及其交互作用机理——基于合法性的概念模型[J].创新与创业管理，2017，（2）：11-19.

[8] Robinson W T，Fornell C. Sources of market pioneer advantages in consumer goods industries[J]. Journal of Marketing Research，1985，22：305-317.

[9] Tirole J，Jean T. The Theory of Industrial Organization[M]. Massachusetts：MIT Press，1988.

[10] Lieberman M B，Montgomery D B. First-mover advantages[J]. Strategic Management Journal，1988，9（S1）：41-58.

[11] Lieberman M B，Montgomery D B. First-mover（dis）advantages：retrospective and link with the resource-based view[J]. Strategic Management Journal，1998，19（12）：1111-1125.

[12]Freeman J，Carroll G R，Hannan M T. The liability of newness：age dependence in organizational death rates[J]. American Sociological Review，1983，48（5）：692.

[13]Lieberman M B，Montgomery D B. To Pioneer or Follow？ Strategy of Entry Order[M]. California：Graduate School of Business，Stanford University，1990.

[14]姜黎辉，张朋柱，龚毅. 不连续技术机会窗口的进入时机抉择[J]. 科研管理，2009，30（2）：131-138.

[15]郭晓丹，宋维佳. 战略性新兴产业的进入时机选择：领军还是跟进[J]. 中国工业经济，2011，（5）：119-128.

[16]肖兴志，何文韬，郭晓丹. 能力积累、扩张行为与企业持续生存时间——基于我国战略性新兴产业的企业生存研究[J]. 管理世界，2014，（2）：77-89.

[17]任荣伟，区胜霞，余雷. 初创弱性与新创企业失败——基于资源及能力的实证研究[J]. 创新与创业管理，2014，（2）：69-84.

[18]Dertouzos M L，Lester R K，Solow R M. Made in America：Regaining The Productive Edge[M]. Massachusetts：MIT Press，1989.

[19]吴利华，刘宾. 企业生存理论研究的文献综述与机理分析[J]. 科技进步与对策，2012，29（1）：156-160.

[20]Robinson W T，Chiang J. Product development strategies for established market pioneers，early followers，and late entrants[J].Strategic Management Journal，2002，23（9）：855-866.

[21]何文韬，肖兴志. 进入波动、产业震荡与企业生存——中国光伏产业动态演进研究[J]. 管理世界，2018，34（1）：114-126.

[22]Chen M-J，Miller D. Competitive dynamics：themes，trends，and a prospective research platform[J]. Academy of Management Annals，2012，6（1）：135-210.

[23]Chen M-J，Hambrick D. Speed，stealth，and selective attack：how small firms differ from large firms in competitive behavior[J]. Academy of Management Journal，1995，38（2）：453-482.

[24]Miller D，Chen M-J. The simplicity of competitive repertoires：an empirical analysis[J]. Strategic Management Journal，1996，17（6）：419-439.

[25]Gilbert B A，McDougall P P，Audretsch D B. New venture growth：a review and extension[J]. Journal of Management，2006，32（6）：926-950.

[26]Lévesque M，Minniti M，Shepherd D. Entrepreneurs' decisions on timing of entry：learning from participation and from the experiences of others[J]. Entrepreneurship Theory and Practice，2009，33（2）：547-570.

[27]Santos F M，Eisenhardt K M. Constructing markets and shaping boundaries：entrepreneurial power in nascent fields[J]. Academy of Management Journal，2009，52（4）：643-671.

[28]Fuentelsaz L，Gomez J，Polo Y. Followers' entry timing：evidence from the Spanish banking sector after deregulation[J]. Strategic Management Journal，2002，23（3）：245-264.

[29]Gaba V，Pan Y，Ungson G R. Timing of entry in international market：an empirical study of U.S. fortune 500 firms in China[J]. Journal of International Business Studies，2002，33（1）：39-55.

[30]Miller A，Gartner W B，Wilson R. Entry order，market share，and competitive advantage：a study of their relationships in new corporate ventures[J]. Journal of Business Venturing，1989，4（3）：197-209.

[31]Shepherd D A. Venture capitalists' assessment of new venture survival[J]. Management Science，1999，45（5）：621-632.

[32]Shepherd D A，Williams T A，Patzelt H. Thinking about entrepreneurial decision making：review and research agenda[J]. Journal of Management，2015，41（1）：11-46.

[33]Shepherd D A，Douglas E J，Shanley M. New venture survival：ignorance，external shocks，and risk reduction strategies[J]. Journal of Business Venturing，2000，15（5）：393-410.

[34]Yang J Y，Li J，Delios A. Will a second mouse get the cheese? Learning from early entrants' failures in a foreign market[J]. Organization Science，2015，26（3）：908-922.

[35]Li J，Qian C，Yao F K. Confidence in learning：inter-and intraorganizational learning in foreign market entry decisions[J]. Strategic Management Journal，2015，36（6）：918-929.

[36]Lilien G L，Yoon E. The timing of competitive market entry：an exploratory study of new industrial products[J]. Management Science，1990，36（5）：568-585.

[37]Chen M-J. Competitor analysis and interfirm rivalry：toward a theoretical integration[J]. Academy of Management Review，1996，21（1）：100-134.

[38]Hannan M T，Freeman J. The population ecology of organizations[J]. American Journal of Sociology，1977，82（5）：929-964.

[39]Brynjolfsson E，Hu Y J，Smith M. From niches to riches：anatomy of the long tail[J]. MIT Sloan Management Review，2006，47（4）：67-71.

[40]Rae D，Carswell M. Towards a conceptual understanding of entrepreneurial learning[J]. Journal of Small Business and Enterprise Development，2001，8（2）：150-158.

[41]李论，李纪珍. 创业团队认同一定会提升创业协同效率吗？[J]. 外国经济与管理，2020，42（11）：3-19.

[42]蔡莉，汤淑琴，马艳丽，等. 创业学习、创业能力与新企业绩效的关系研究[J]. 科学学研究，2014，（8）：1189-1197.

[43]Zhang Y A，Yu Li，Li H. FDI spillovers over time in an emerging market：the roles of entry tenure and barriers to imitation[J]. Academy of Management Journal，2014，57（3）：698-722.

[44]谢雅萍，黄美娇. 社会网络、创业学习与创业能力——基于小微企业创业者的实证研究[J]. 科学学研究，2014，（3）：400-409，453.

[45]Levitt B，March J G. Organizational learning[J]. Annual Review of Sociology，1988，14（1）：319-340.

[46]Greve H R. Marketing niche entry decisions：competition，learning，and strategy in Tokyo banking，1894-1936[J]. Academy of Management Journal，2000，43（5）：816-836.

[47]Goetz A R，Vowles T M. The good，the bad，and the ugly：30 years of US airline deregulation[J]. Journal of Transport Geography，2009，17（4）：251-263.

[48]Tong T W，Zhang K，He Z-L，et al. What determines the duration of patent examination in China? An outcome-specific duration analysis of invention patent applications at SIPO[J]. Research Policy，2018，47（3）：583-591.

[49]Ugur M，Trushin E，Solomon E. Inverted-U relationship between R&D intensity and survival：evidence on scale and

complementarity effects in UK data[J]. Research Policy，2016，45（7）：1474-1492.

[50]Schoenfeld D. Partial residuals for the proportional hazards regression model[J]. Biometrika，1982，69（1）：239-241.

[51]Abadie A，Athey S，Imbens G W W，et al. When should you adjust standard errors for clustering? [R]. NBER Working Paper 24003，2017.

[52]Greenaway D，Kneller R. Exporting，productivity and agglomeration[J]. European economic Review，2008，52（5）：919-939.

[53]Burgelman R A. Strategy as vector and the inertia of coevolutionary lock-in[J]. Administrative Science Quarterly，2002，47（2）：325-357.

[54]Shi X，Lin Z，Liu J，et al. Consumer loyalty toward smartphone brands：the determining roles of deliberate inertia and cognitive lock-in[J]. Information & Management，2018，55（7）：866-876.

[55]Huber G P. Organizational learning：the contributing processes and the literatures[J]. Organization Science，1991，2（1）：88-115.

[56]Levinthal D A，March J G. The myopia of learning[J]. Strategic management Journal，1993，14（S2）：95-112.

[57]Baron R M，Kenny D A. The moderator-mediator variable distinction in social psychological research：conceptual，strategic，and statistical considerations[J]. Journal of Personality and Social Psychology，1986，51（6）：1173-1182.

When to “Change lanes and Overtake”？ Entry Timing and Survival Performance of New Market：Empirical Research from A Mature Industry

Li Jizhen，Li Lun，Zhang Kaidi

（School of Economics and Management，Tsinghua University，Beijing 100084，China）

Abstract： Based on the data of an mature industry—US airlines' route in the period of 1990-2010，using the survival analysis method，this paper explores the impact of entry timing of new market in the mature industry on its survival performance. This research is found that entry timing and survival performance of new market shows an inverted U-shape relationship，that is，the survival performance first increases with the delay of entry timing，and then decreases with the delay of entry timing. The findings are still robust after considering the selection bias by propensity score matching（PSM）. Further empirical analysis results show that the first mover has the lock-in effect and locks in scarce resources and target customers in advance，while the later mover has the learning effect，reduces the cost of trial and error，and improves competitiveness. The lock-in effect and learning effect together lead to the inverted U-shape of entry timing and survival performance relationship.

Keywords： mature industry；new market；entry timing；survival performance；lock-in effect；learning effect

组合式创新中的知识产权价值实现
——基于林至科技案例*

赵炎，肖彦，孟庆时

（上海大学 管理学院 创新与知识管理研究中心，上海 200444）

摘要：提出了组合式创新是知识产权价值实现的途径之一，并构建了组合式创新中知识产权价值实现过程。选取林至科技作为案例研究对象，对其 ACI 系列产品及其相关技术进行了知识产权价值评估及知识产权价值实现分析。研究发现：组合式创新为现有技术的知识产权价值实现提供了有效且合理的途径，其成果能够带动被组合技术的知识产权价值上升，且使被组合技术的知识产权价值得到实现。

关键词：组合式创新；知识产权；价值实现

中图分类号：**F271**　**文献标识码**：**A**

随着“互联网 +”时代的经济、技术全球化趋势不断加强，创新与知识产权已成为国家经济发展的关键因素，对中国而言，进入对外开放新阶段和中国特色社会主义新时代，中国经济社会发展的战略主题也正在从“创新驱动”走向“创新引领”，而知识产权的创造、运用、保护、管理和服务能力对于国家创新能力发展的推动作用日益凸显。党的十八大以来，我国知识产权事业不断发展，党中央多次强调要加强知识产权的保护和运用。2015 年 12 月发布的《国务院关于新形势下加快知识产权强国建设的若干意见》对加快知识产权强国建设进行了强调[1]。其中，知识产权与市场的成功对接是全球特别是发展中国家能否克服技术“瓶颈”、突破发达国家技术垄断的关键因素。从知识产权角度来看，创新的过程中知识产权与市场的对接可以看作知识产权价值的实现过程，因此本文研究组合式创新中知识产权价值的实现过程，并以佛山林至高分子材料科技有限公司（简称林至科技）作为案例研究对象来进行实证研究。

* 基金项目：国家自然科学基金项目“基于自组织理论的联盟创新网络中‘派系—知识流动’耦合的中国实证研究”（71673179）；上海市哲学社会科学规划青年课题“复合系统视域下上海新一代信息技术产业升级机制研究”（2020ETQ004）。

作者简介：赵炎（1976—），男，重庆人，上海大学管理学院教授，研究方向为创新与创业管理、创新网络、企业联盟；（通讯作者）肖彦（1999—），女，湖南怀化人，上海大学管理学院硕士研究生，研究方向为知识与创新管理；孟庆时（1989—），男，山东东明人，上海大学图书情报档案系研究员，研究方向为数字创新与技术创新管理。

1 组合式创新理论分析

1.1 整合式创新的概念

整合式创新是战略视野驱动下的全面创新和协同创新的新范式，这一创新范式的提出，对于理解中国重要科技领域和典型企业的创新实践、帮助企业管理者落实基于战略创新的技术创新能力提升策略、实现企业创新绩效最大化具有重要的实践价值[2]。目前，很多企业都面临着知识产权价值无法实现，自主创新周期长、风险高，以及成果应用难度大等诸多挑战[3]。整合式创新是在系统观、整体观视角下，实现战略创新、协同创新、自主创新、开放创新和全面创新的综合体，有利于企业构建和强化企业的核心技术与研发能力，同时促进知识产权价值的实现，打造开放式创新生态系统环境下企业动态、可持续的核心竞争力[4]。由此，为了更好地促进知识产权价值实现，本文从整合式创新的视角出发，提出了组合式创新，并将其作为整合式创新的具体实现方式之一。

1.2 组合式创新的概念与特征

1.2.1 组合式创新的概念

组合式创新是以消费者的需求为导向，在不改变现有的技术原理的前提下，将两个或两个以上具有不同功能的技术进行组合，形成具有新特性的产品，从而实现自主创新，满足消费者的个性化需求，适用于独特的应用场景。

1.2.2 组合式创新的特征

组合式创新必须具备的特点包括：①新产品能够满足现有市场上还未被满足的消费者需求；②现有技术（被组合技术）足够成熟；③被组合的技术具有互补性；④新产品性能得到提升；⑤加速产品创新进程；⑥被组合技术具有较高的知识产权价值（发明专利）；⑦组合式创新的知识产权价值较低（实用新型专利）。

1.3 组合式创新的影响因素

1.3.1 内部因素

内部因素包括管理因素、产品开发因素和技术因素。

管理因素指的是市场营销人员对于消费者需求的洞察能力，组合式创新的目的是更好地推动产品创新以满足消费者的需求，所以当市场营销人员能够快速地洞察到消费者的潜在需求时，不仅能保证组合式创新的有效性，而且可以为其提供充分的反应时间，否则易导致组合式创新出现失效和滞后问题。

产品开发因素表示产品开发人员的社会经验和知识储备量能否保证其有效地开发出符合需求的新产品，在市场营销人员感知到消费者需求后，对产品开发人员进行传达，接着需要产品开发人员有一定的社会经验，从而将消费者的需求体现在新产品的性能中。不仅如此，还要求产品开发人员对于现有技术足够了解，能够清楚地知道应该如何对现有技术进行组合以及如何组合能够达到最好的效果。否则，即使市场营销人员能够及时地传达消费者的需求，产品开发人员的经验和知识匮乏也会导致开发出来的新产品中技术结合不当或无法满足消费者需求，从而导致组合式创新失败。

由于组合式创新依赖于现有技术的组合，所以现有技术是否充足，不同技术组合后能否有效地互补，并在产品中体现出新的性能都在一定程度上影响着组合式创新的有效性。

1.3.2 外部因素

外部因素包括环境因素和市场因素。就环境因素而言，当环境变化频率较快时，企业需要更快地进行产品创新，此时组合式创新的特点也能更好地得到体现。同时，当环境对于创新的支持度较高时，也能够推进组合式创新的进程。而就市场因素而言，一方面，满足市场需求是组合式创新的最终目的，另一方面在竞争激烈的市场中创新活动也会得到更好的推进，迫使企业更快地进行产品创新，由此可以看出市场对于组合式创新的影响是显而易见的。

2 知识产权价值实现

2.1 知识产权的概念与特征

知识产权是民事主体所享有的支配创造性智力成果、商业标志以及其他具有商业价值的信息并排斥他人干涉的权利[5]。一方面，知识产权需要满足新颖、可用、受法律保护等条件，它代表着国家和社会对智力成果的肯定和认同，保障了知识产权所有者的合法权益，并能够推动人们积极从事科学研究、文艺创作等智力创造行为，提高国家的科技力量和文化软实力[6]。另一方面，知识产权将智力成果等同于价值权利，使人们更加重视智力成果，有效加快了智力成果转化为实际生产力的过程，提高了社会经济效益。知识产权包括专利权、著作权、商标权等，本文的知识产权主要是指专利权，即知识产权的价值实现主要指专利权价值实现。

2.2 知识产权价值实现的概念与特征

知识产权对企业发展的作用应从价值创造、价值实现、有效保护、全程管理四个方面理解[7]。其中，知识产权价值的实现是企业持续进行创新活动，提升企业竞争力的本质追求[8]。事实上，只有企业能够成功完成知识产权价值的实现，才可以为企业的发展带来不断动力，提供新的能量，使得企业可以一直发展进步，并为社会创造出更大的效益[9]。国内外企业发展的成功经验也表明，知识产权价值实现是中小企业获得市场竞争优势的关键因素。通过对相关概念进行总结，本文将知识产权价值实现定义为，通过一定的方式将知识产权与市场接轨，以商业化和市场化的形式实现知识产权的价值，从而体现了知识产权创造、运用、保护和管理的最终目的，其具有间接性和延展性，可以被体现在技术价值、法律价值和经济价值中。

知识产权价值实现具有以下特征：①实现时间的有效性，如果专利的知识产权不能够被及时地加以转化并最大限度地实现其价值，那么随着时间的推移，其含金量和影响力将逐渐降低[10]；②影响因素的模糊性，由于知识产权价值的影响因素几乎都是定性的，比较模糊，难以进行准确的计量，在价值实现的过程中具有模糊性[11]；③实现结果的不确定性，知识产权的价值从被创造到被实现的过程需要很长的时间，其过程中存在着诸多不确定因素的影响，如其成熟度、先进性和市场占有率等，确定一项知识产权的经济价值和产业化前景难度很大，而且预期和结果之间存在诸多不确定因素[10]。

3 组合式创新中知识产权价值实现过程

组合式创新本身并不是一个简单的纵向发展过程。首先，其不仅涉及消费者需求的发现和新产品的研发，还包括将不同的技术组合在一起，使其相辅相成，并创造出新的产品性能[12]；其次，组合式创新的每个发展阶段其实都包含大量综合知识的横向注入、资本等非技术知识要素的广泛参与[13]；再次，组合式创新的根本动力来自上游技术的引导，而不是下游现有需求的拉动；最后，组合式创新可以看作知识产权的技术价值、法律价值和经济价值实现的过程，如图 1 所示[14]。

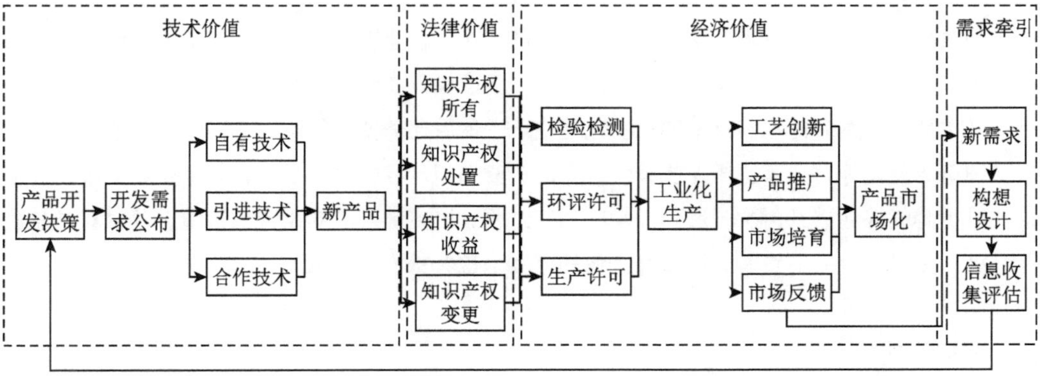

图 1 基于组合式创新的知识产权价值实现过程

3.1 技术价值实现

知识产权不仅是创新在法律制度上的反映，而且也是保护创新成果的重要途径。同时，要得到知识产权的保护，创新成果则必须具备先进性、创造性和实用性，即知识产权的技术价值，其主要受到创新程度的影响。在企业发现了消费者新的需求并进行构想和信息收集后，即需要做出合理的产品开发决策，并发布其开发需求，以便寻找最佳的组合式创新路径。目前企业组合式创新的现有技术获取路径主要有三种：①自有技术，这类企业有较强的技术研发实力，现有的成熟技术较多；②引进技术，这类企业具备一定的生产和经营管理能力，但研发实力不足，现有技术比较匮乏；③合作技术，这类企业会根据自身技术研发情况，有选择性地与第三方合作进行技术创新，现有技术的量相对适中。这三种组合式创新路径都涉及公共资源整合和技术交接等工作，且过程中会产生具有新性能的产品，通过组合式创新的成果为社会带来效益，达到组合式创新的知识产权技术价值实现的目的。

3.2　法律价值实现

该价值体现了创新得到知识产权的法律制度保护。知识产权是国家与知识成果的所有人之间达成的一种契约，依此契约，所有人应当清楚、充分和完整地披露发明创造等相关信息，从而具有了一定范围内的法定垄断权，即可以禁止他人在未经许可的状态下进行制造、许诺销售、销售、使用和进口的活动，这就形成了专利的法律价值。由于专利授权条件的限制，专利是否授权以及专利稳定性等法律价值受到创新程度的影响。此外，因为承担披露义务，专利价值还受专利文件撰写质量的影响。企业在取得组合式创新成果后，在对其知识产权价值进行保护的同时会涉及法律价值的实现，主要包括知识产权所有、知识产权处置、知识产权收益和知识产权变更。

3.3　经济价值实现

该价值是指知识产权在商业上得以应用的可能性程度，其源于技术运营方式和外在政策制度保障。知识产权的经济价值是知识成果的所有人进行创新并申请保护的根本目的，这一目的的实现效率取决于创新程度和法定垄断权范围的大小。企业组合式创新的成果要达到知识产权经济价值实现，即产品市场化的目的，首先，创新成果需要经历检测检验、环评许可、生产许可等基本环节，然后再将其批量和工业化地生产，最后还需要进行工艺创新、产品推广、市场培育和市场反馈等，只有这样才能有效地完成企业知识产权价值实现。另外，企业对市场反馈的及时了解能够促进其再次开展新一轮的创新过程，更多地实现知识产权价值，及时对产品进行升级，更好地服务消费者，以提高企业的市场地位和核心竞争力。

4　研究过程

4.1　目标案例选择与介绍

4.1.1　案例选择

基于研究目标，本文选择林至科技作为案例研究对象，原因在于，林至科技的现有技术较为成熟，并且其通过组合式创新实现了知识产权的价值实现，具有理论意义和现实价值。

本文为获取更加精确的现有技术及组合式创新成果以及知识产权价值评估所需的相关资料，进行了如下工作：①面对面交流。与林至科技的管理、技术以及市场人员面对面交流，了解并获取有关企业现有技术和产品的知识产权价值。②实地考察。访问林至科技的研发和生产部门，了解其组合式创新的过程及其研发和生产能力。③网上查询。通过网上的资料查询，了解林至科技的组合式创新成果的推广过程、知识产权价值评估所需的有关资料以及行业的分析报告。

4.1.2 案例背景介绍

林至科技创立于 2008 年 4 月，是极限缓冲材料与技术解决方案供应商之一。其专注于研发各类超材料技术，荣获几十项发明专利，完成多项国家标准，主持数个政府立项扶持的科研与科技成果转化项目。林至科技以消费者需求为核心，通过组合式创新得到了满足不同消费者需求的 ACI①系列鞋垫，并逐渐占领市场，这都受益于其对于组合式创新的合理应用。

4.1.3 组合式创新发展历程

林至科技的组合式创新发展主要体现在 ACI 系列鞋垫的产生。

（1）ACI。ACI 鞋垫是林至科技推出的第一个 ACI 系列产品，它的受众群体是训练及作战的军人或者相关单位，其在前掌着力处使用了 ASF②人工弹簧技术，后跟重心处则使用 ACF③人工软骨仿生技术，并在主体部分采用了 AosoLite 透气抗菌技术。

（2）ACI-S。ACI-S 鞋垫是继 ACI 鞋垫推出后，林至科技为运动员提升运动表现力而推出的 ACI 系列鞋垫之一。它在原有的运动员鞋垫上，在前掌着力处采用 ASF 轻质高弹技术，后跟重心处采用 ACF 极限缓冲吸能技术，主体则采用 ABF④人工透气技术，对其进行有机组合。

（3）ACI-M。ACI-M 鞋垫是林至科技推出的安神康复鞋垫，在前掌后跟采用 ACF 人工软骨仿生技术，后跟采用深杯形加上 ACI 足弓支撑技术，内部采用 AosoLite 透气抗菌技术，其面向的消费者是脚部需重点护理者。

（4）ACI-C。ACI-C 鞋垫是林至科技为扩大消费者群体，针对日常生活而推出的，其使用了 ACF 人工软骨仿生技术及 ACF 人工软骨泡沫技术的组合，以实现鞋垫的智能个性化定制。

4.2 知识产权价值分析

4.2.1 指标体系

国家知识产权局所推出的一套专利价值分析指标体系反映了专利的总体特征和内在价值[15]，其从法律、技术、经济三个层面对专利价值度（patent value degree，PVD）进行定性与

① 即 artificial cartilage insoles，人工软骨鞋垫。

② 即 artificial spring foam，人工弹簧泡沫。

③ 即 artificial cartilage foam，人工软骨泡沫。

④ 即 artificial breathable foam，人工透气泡沫。

定量分析，在法律价值度（legal value degree，LVD）、技术价值度（technical value degree，TVD）、经济价值度（economic value degree，EVD）三个一级指标下，分别设置了特性不同的二级指标，其计算公式为 PVD = α×LVD + β×TVD + γ×EVD，其中 $\alpha+\beta+\gamma=1$。LVD 从法律的维度评价一项专利的价值，主要对专利的法律状态和保护范围进行评估与分析，其中，鉴于专利稳定性的分析评价结果将直接说明待评专利在法律意义上能够存在的前景，因此将其作为 LVD 维度下的参数因子；TVD 从技术的维度评价一项专利的价值，主要对专利的技术领先程度方面进行评估与分析；EVD 从市场经济效益的维度评价一项专利的价值，主要对专利的市场需求方面进行评估与分析。专利价值分析指标体系如表 1 所示。

表 1　专利价值分析指标体系

第一关键指标	权重	一级指标	权重	二级指标
专利价值	40%	LVD	100%	稳定性
			15%	有效期
			15%	依赖性
			15%	多国申请
			30%	不可规避性
			5%	专利许可状况
			20%	专利侵权可判定性
	40%	TVD	15%	先进性
			20%	成熟度
			20%	适用范围
			20%	可代替性
			10%	行业发展趋势
			15%	配套技术依存度
	20%	TVD	20%	竞争情况
			15%	政策适应性
			20%	市场占有率
			25%	市场应用情况
			20%	市场规模前景

4.2.2 评估过程

首先，根据林至科技所提供以及网上查询到的有关上述技术和产品分别在初始时间点、组合式创新完成前后时间点以及现在时间点的知识产权价值评估所需的资料，按照国家知识产权局的《专利价值分析指标体系操作手册》中对各二级指标的详细解释和分值选择，由两位专家分别进行打分，并进行一致性检验，最后统计其结果；其次，对专利数据库中林至科技有关的专利价值评估分数进行查找；最后，将专家打分的结果与专利数据库中的打分结果进行比较并加和，并将相差较大的结果进行再处理，得到最终的分值。

4.3 案例分析

根据对知识产权价值评估的最终结果，做出了 ACI 系列鞋垫及被组合技术的知识产权价值随着时间变化的趋势图，具体如图 2 所示。

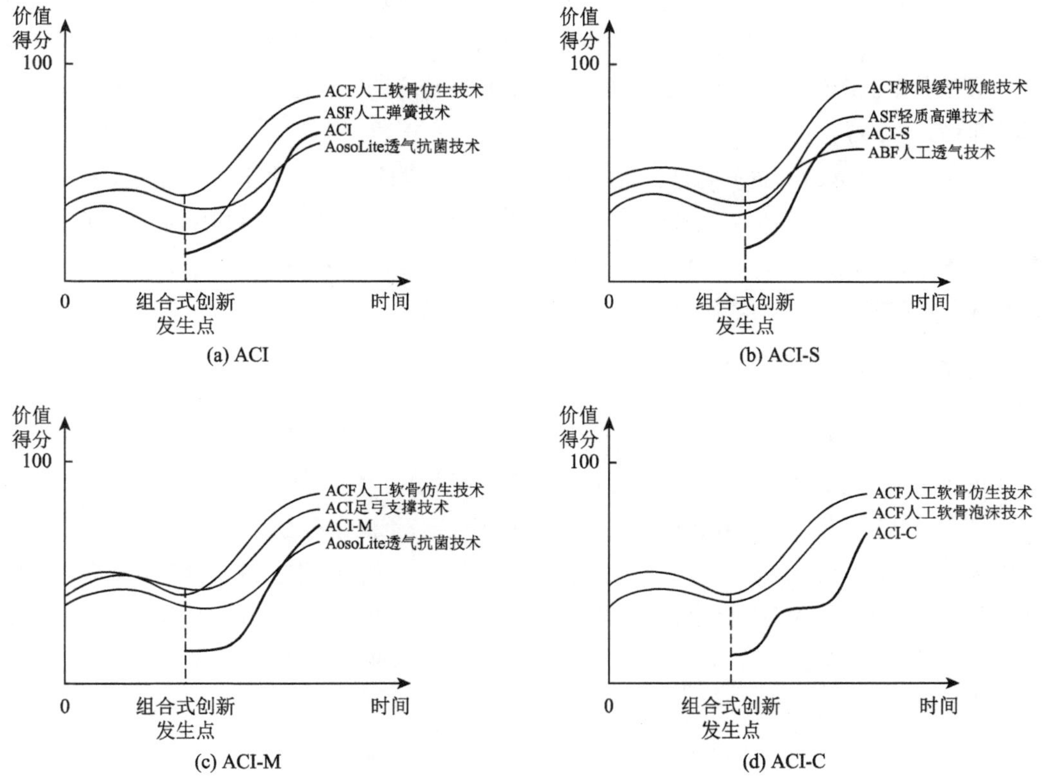

图 2 ACI 系列鞋垫及被组合技术的知识产权价值曲线

4.3.1 整体分析

从整体上来看，组合式创新成果拥有的实用新型专利的知识产权价值会小于绝大多数被组合技术所拥有的发明专利的知识产权价值，且开始的时间点会滞后于被组合技术，原因如下。

一方面，在专利价值评估中，组合式创新成果与被组合技术的法律价值和技术价值之间相差并不大，但组合式创新成果的经济价值远小于绝大多数被组合技术的经济价值，这是由于被组合技术为市场带来的不仅是一件产品而是一系列甚至是更多的产品，其应用范围和规模前景更广泛，而组合式创新的成果只能为在某个细分市场进行开拓和创新，从而导致其知识产权价值小于绝大多数被组合技术的知识产权价值。另一方面，组合式创新成果的知识产权价值会大于透气类的技术的原因在于，当下市场中透气类的技术较常见，竞争对手相对较多，市场占有率较低，导致其识产权的价值会相对较低。而组合式创新成果是通过对现有技术的组合后产生的，所以其开始的时间节点较被组合技术会有一定的滞后性。

4.3.2 组合式创新成果曲线分析

对 ACI 和 ACI-S 的知识产权价值曲线进行分析，可以看出，由于 ACI 和 ACI-S 鞋垫是专为训练及作战的军人和运动员而提供的，故在其在被推出的初始阶段，其市场仅限于一些已向其订货的群体，所以增长缓慢，而当其为消费者带来的效益日益显著，其经济价值逐渐被实现，导致其知识产权价值迅速增长，不过由于其面向群众的专有性，其知识产权价值最终将趋于平缓。

对 ACI-M 和 ACI-C 的知识产权价值曲线进行分析，可以看出，由于其面向的群体较另外两款 ACI 系列鞋垫来说更广，所以其在推向市场的初始阶段并没有固定的消费群体，所经历的缓慢上升时间会比另外两款鞋垫略长，不过随着时间的推进，其受众面更广，为社会带来的效益更高，从数据上来看，预计其会呈现出持续增长的趋势。

4.3.3 被组合技术曲线分析

被组合技术在初始点就具有一定的价值水平，其知识产权价值随着时间推进先降低，在组合式创新成果出现后，开始呈现上升趋势，最后趋于平缓。这是由于，被组合技术在初始点处由于其本身具有的法律价值和技术价值而导致其知识产权价值并不为零。在初始阶段被组合技术的知识产权价值缓慢上升，但随着时间推进，由于其未能给社会带来相应的效益而导致其价值开始下降。当组合式创新发生后，被组合技术的知识产权价值又随着组合式创新成果为社会带来的效益得到了体现，其知识产权价值持续增加，但随着时间的推进，当其价值被完全实现后则会最终趋于平缓。

5 结论

在知识经济与网络经济的全球化时代，企业要想占领市场，提升核心竞争力，不仅需要高度重视技术的创新，还应注意到知识产权价值实现能够为企业和社会带来的效益。本文在整合式创新这一全新创新范式的基础上，提出了组合式创新这一具体的创新途径，选取了林至科技作为案例分析对象，分析了组合式创新中知识产权价值实现过程。本文的分析结果表明：组合式创新是一种能够将现有技术有机结合，创造出能够满足消费者需求的新产品的新型创新方式，它为现有技术的知识产权价值的实现创造了有效且合理的路径。组合式创新成果为社会带来的效益能够带动被组合技术的知识产权价值上升，且让被组合技术的知识产权价值得到实现。因此，企业可以借鉴组合式创新的形式，在熟悉现有技术的前提下，促进知识产权价值实现和提升。

本文的局限在于，虽然遵循单案例分析的方法，但是所得结论能否运用于所有企业尚有待验证。未来研究有必要扩大研究对象，一方面需要提出适用于不同企业的特色路径，另一方面应提炼优化理论模型，提升研究结果的普适性。

参考文献

[1] 国务院关于新形势下加快知识产权强国建设的若干意见[EB/OL]. http://www.gov.cn/zhengce/content/2015-12/22/content_10468.htm[2020-12-11].

[2] 陈劲，尹西明，梅亮. 整合式创新：基于东方智慧的新兴创新范式[J]. 技术经济，2017，36（12）：1-10，29.

[3] 尹西明，陈劲，海本禄. 新竞争环境下企业如何加快颠覆性技术突破？——基于整合式创新的理论视角[J]. 天津社会科学，2019，（5）：112-118.

[4] 胡琳娜，陈劲. 整合式创新的框架及机理分析[J]. 科学管理研究，2020，38（4）：2-9.

[5] 张玉敏. 知识产权的概念和法律特征[J]. 现代法学，2001，（5）：103-110.

[6] 王秀翠. 知识产权价值评估在市场经济中的运用[J]. 江苏科技信息，2019，36（27）：18-20.

[7] 王轶凡，王德应，吴峰. 知识产权的价值实现与金融衍生化分析[J]. 中国证券期货，2011，（7）：222-223.

[8] 杨晨，张涛. 基于价值的企业知识产权创新研究[J]. 科学管理研究，2007，（1）：53-56.

[9] 张娇. 企业知识产权管理存在问题及对策分析[J]. 环渤海经济瞭望，2020，（11）：105-106.

[10]王轶凡，王德应. 知识产权价值实现的内涵及要素[J]. 中国高校科技，2011，（9）：72-73.

[11]万小丽，朱雪忠. 专利价值的评估指标体系及模糊综合评价[J]. 科研管理，2008，（2）：185-191.

[12]许应楠. 基于知识产权价值的企业技术创新过程综合模型研究[J]. 科技管理研究，2014，34（22）：6-9.

[13]薛学通. 标准与知识产权在产品创新周期中的应用[J]. 信息技术与标准化，2006，（12）：49-52.

[14]金泳锋，邱洪华. 基于层次分析模型的专利价值模糊评价研究[J]. 科技进步与对策，2015，32（12）：124-128.

[15]马维野. 专利价值分析指标体系操作手册[M]. 北京：知识产权出版社，2012.

Realization of Intellectual Property Value in Combinatorial Innovation：Based Case of Linzhi Technology

Zhao Yan，Xiao Yan，Meng Qingshi

（Research Center for Innovation and Knowledge Management，School of Management，Shanghai University，Shanghai 200444，China）

Abstract: This paper proposes the combinatorial innovation as one of its innovation methods, and constructs the process of realizing the value of intellectual property in combinatorial innovation. By selecting Linzhi Technology as the object of case analysis, it evaluates the ACI series products and related technologies for intellectual property value and analyzes the realization of intellectual property value. The results show as follows: combinatorial innovation creates an effective and reasonable way for the realization of intellectual property value of existing technologies, and the benefits of combinatorial innovation to the society can drive the intellectual property value of the combined technology to increase, and allow the combined technology to increase the value of intellectual property rights has been realized.

Keywords: combinatorial innovation; intellectual property; value realization

出口赋能创新：机制、影响因素与展望*

徐萌，谢伟

（清华大学 经济管理学院，北京 100084）

摘要：通过对 1990～2021 年发表在国内外核心期刊上的文献进行检索分析，提出企业出口赋能创新的系统性分析框架。基于组织学习理论、知识基础观、需求基础观、企业能力观等理论视野，指出出口赋能创新机制主要包括：市场扩展增加创新激励；规模提升降低创新成本；出口接受知识溢出；内部知识转移与吸收。在出口带来创新能力提升的过程中，企业异质性因素、出口异质性因素、母国环境因素以及出口市场特征发挥调节作用。最后，在理论分析的基础上，对未来研究方向提出了展望，以期为时代背景下企业出口理论研究与实践探索提供有益启示。

关键词：出口；国际贸易；创新绩效

中图分类号：C939　文献标识码：A

1　研究背景

改革开放以来，出口作为外循环的重要组成部分，促进了就业增长和收入增加，为我国经济发展做出了重要贡献[1]。当下，在“双循环”新的发展格局下，面对后疫情时代国际形势的风云变幻，培育创新型企业成为我国实现高质量发展的重要任务[2]。在此背景下，探索如何借助出口这一传统经济发展动力赋能企业创新发展，以及在何种情境下出口战略能够促进企业创新成为重要的研究话题。对出口影响创新的作用机制及其调节因素进行研究和整合归纳，将会为时代背景下企业决策和国家政策制定提供有益借鉴。

企业在通过出口参与国际市场的过程中，有形的商品交换往往也伴随着无形的知识转移[3]，出口能够为企业的跨国学习和创新提供知识资源。在已有研究中，有关出口影响企业创新能力

---

* 基金项目：教育部人文社会科学重点研究基地项目“中国企业基于出口的技术学习”（17JJD630004）。

作者简介：徐萌（1998—），女，山东枣庄人，清华大学经济管理学院博士研究生，研究方向为战略管理；（通讯作者）谢伟（1967—），男，安徽无为人，清华大学经济管理学院教授，博士研究生导师，研究方向为战略管理。

的研究存在着相互矛盾的结论。20世纪90年代初，Grossman 和 Helpman[3]率先提出“出口促进论”，认为出口可以促进信息交流，有利于技术创新和经济增长。但同时也有观点认为，在欠发达国家中，出口对技术进步产生不利影响[4]。在对新兴市场国家的实证研究中，大多数结果都表明出口对企业创新有着积极的推动作用，但也有研究发现在特定情况下，出口对创新影响并不显著，甚至存在消极影响，不同企业特征和出口情境影响出口赋能创新过程。可见，已有研究仍然存在矛盾和不足，因此在相关文献基础上进一步探究出口如何赋能创新及其情境因素，能够为理解外循环影响机制、充分发挥出口作用带来启示。

在此背景下，本文通过文献检索和理论推演，试图理解出口赋能企业创新的作用机制，识别影响出口创新绩效的关键因素。本文综述了现有的学术研究发现，尝试提出了企业出口活动对创新绩效影响的系统性分析框架，指出了未来研究的方向及需要解决的问题。本文首先借助 Web of Science 进行英文文献检索，选定文献发表年份为1990～2021年，以 export、international trade、internationalization、learning by exporting、innovation 等为关键词在 SSCI、SCI-Expanded 数据库中进行高级检索，并限定学科类型为 economics、business、management、social sciences interdisciplinary，文献类型为 article；同时在 EBSCO 和 Google Scholar 等国际权威学术数据库进行进一步检索和补充，通过逐一阅读文章核心内容精选出48篇重要英文文献进行研读。其次，借助中国知网数据库，以出口、国际贸易、国际化、出口学习、创新等为关键词进行中文检索，并将学科限定为经济与管理科学，研究时间同样限定为1990～2021年，最终精选出30篇关键中文文献进行分析。在此基础上，对上述文献进行深入研读，并按照研究主题、研究方法、样本来源和结论制成文献卡片，将其进一步总结归类。最后，结合主要文献中涉及的关键变量、重要参考文献和理论环节，检索补充相关理论研究，以全面阐述影响出口创新绩效因素的分析逻辑。在此基础上，本文对现有发现进行了总结归纳，为未来学术研究夯实基础，有利于企业根据自身特征制定不同出口策略、提升创新能力，同时也有利于国家创新体系建设过程中的政策制定者针对出口企业制定更为恰当的支持和激励政策。

本文从四个方面进行了回顾和分析：第一部分从理论视角出发，全面分析了出口赋能创新的机制和作用过程；第二部分综述了出口对企业创新影响的实证研究。在不同的情境下，出口对企业创新绩效的作用呈现出包括促进、抑制、倒“U”形等在内的复杂关系；第三部分基于文献综述，进一步归纳和识别了影响出口赋能创新的主要因素，指出企业异质性、出口异质性、母国环境和出口市场特征因素均对出口赋能创新的过程发挥着重要的影响；第四部分结合研究现状，对未来出口促进创新相关研究提出了一系列展望，试图为全面理解出口对企业创新绩效的作用过程及影响因素提供重要的理论启示。

2 出口赋能创新的作用机制

企业从通过出口获取知识、参与竞争到真正提升自身创新能力存在着复杂机制和环节，对出口学习绩效造成影响。本部分通过整合战略管理经典理论视角，力图对出口战略赋能创新的作用机理进行深入推演，为分析情境因素提供理论指引和分析框架。组织学习理论、知识基础观、需求基础观和企业能力观从理论角度深刻揭示了出口赋能创新的内在逻辑。在此过程中，市场扩展能够增加竞争和需求，规模提升能够降低创新成本，同时在出口过程中企业可以接受外部知识溢出，进行内部知识转移与吸收，其自身的能力也对实际创新成功产生了重要影响。

2.1 理论视角

2.1.1 组织学习理论

组织学习理论为理解企业出口对创新绩效的影响提供了重要的理论视角。组织学习指组织从外部获取知识，并进行内部学习吸收的过程，这一过程依赖于个人之间的信息共享[5]。在相互交流的过程中，个体之间可以进行信息和观点交换，这有利于促进新想法的产生。在出口贸易中，通过与海外市场人员进行交流，有利于交换信息和获得新的想法，既能够促进现有产品的改进，也可以开发新产品，提高企业的创新能力[6]。

2.1.2 知识基础观

知识基础观认为，企业是知识整合的机构，其获取和整合内部知识的能力影响企业竞争优势的形成[7]。拥有多种知识资源的企业可以通过对其知识的合并重组获得更多的创新机会、丰富自身的知识库，有利于产生更高质量和更有价值的创新[8]。通过出口贸易，企业可以接触到更多的外部知识，在与出口目的地的个人和组织进行互动的过程中，组织可以不断扩展知识来源，促进知识的吸收和整合。在此过程中，个人和组织所拥有的知识得到丰富，有利于为创新积累知识资源，促进企业创新绩效的持续提升。

2.1.3 需求基础观

需求基础观有利于理解出口带来的需求异质性对企业创新绩效的影响。Priem 等[9]认为，消费者提供的信息和知识有可能成为驱动企业创新的动力。企业在出口到其他国家的过程中，来自不同地理区域、文化背景的客户需求信息为企业创新提供了重要的资源。需求基础观从需求侧视角为理解出口创新的信息来源和作用方式提供理论解释。

2.1.4 企业能力观

企业能力观的相关文献认为，企业在学习能力方面具有异质性[5]，企业特定的能力对于企业成功至关重要[10, 11]。企业的吸收能力是影响技术溢出和创新能力的重要因素，吸收能力指的是企业识别新的外部信息的价值，吸收其价值并将其应用于商业目的的能力[5]。良好的吸收能力能够使企业正确认识外部知识的有用性，并将其应用于创新目的[12]。在出口过程中，尽管企业可以接触到更为多样化的技术知识，但是只有企业自身具有较强的吸收能力，才能够将出口中获得的知识转化为创新能力，真正促进企业创新绩效的提高。

同时，面对出口过程中复杂的外部环境变化，企业需要具备较强的动态能力以整合外部资源进行创新。企业动态能力包括企业感知、捕捉和重新配置的能力[13]，为了适应快速变革的外部环境，企业需要整合、建立和重组内部和外部组织技能、资源和职能[13]。因此，在企业出口的过程中，需要不断识别新的技术或市场机会，并在生产和战略调整中协调、利用出现的机会，高效利用外部市场中的技术学习契机，提高自身创新能力。

表1对代表性文献中选用的理论视角进行了总结归纳，四种理论视角对出口带来的创新既具有解释力度，又互为补充。后文将在此理论视角的基础上，进一步对出口影响企业创新能力的内在机制进行深入分析。

表1 出口对企业创新绩效影响的理论视角

理论视角	代表文献
组织学习理论	Golovko 和 Valentini[14]；Xie 和 Li[15]；Wang 和 Tao[16]；Love 和 Ganotakis[6]
知识基础观	Salomon 和 Shaver[17]；Salomon 和 Jin[18]；Liu 和 Buck[19]；Li 等[20]；Alvarez 和 Robertson[21]；Wu 等[22]；Salomon[23]
需求基础观	Xie 和 Li[15]；Salomon[23]；Fassio[24]；Yang[25]；Bratti 和 Felice[26]；Vernon[27]；Baldwin 和 Hanel[28]；Barasa 等[29]
企业能力观	Xie 和 Li[15]；Salomon 和 Jin[18]；Liu 和 Buck[19]

资料来源：根据相关文献整理

2.2 出口对企业创新能力的影响机制

2.2.1 市场扩展增加创新激励

随着出口带来的海外市场的扩展，企业面临着国外新的竞争和更为多样化的需求，企业的创新动机可能会被强化。

海外市场竞争是激励企业进行创新的重要动因。通过出口进入海外市场之后，企业将面临比国内市场更多、更强的竞争对手，需要通过不断提高产品吸引力来获取竞争优势，以在激烈的国际市场上生存[19]，对创新的需求不断增大。非出口企业可能会因贸易和地理障碍而免受此类竞争的影响，但出口企业如果不采用最佳的技术和管理模式则很难立足。出口企业所面临的激烈竞争会促使企业提高管理效率[30]。同时，为了满足海外市场不同于国内市场的规则以及不同程度的技术要求，应对海外市场的更激烈竞争，企业不得不通过研发创新来适应海外市场、维护自身市场地位。

从需求角度来看，需求增长是创新的重要决定因素[31]。客户知识是培养企业竞争优势的重要来源[32]。由于不同国家经济发展水平等因素的不同，以及各国消费者偏好和需求的差异，出口目的地的消费者所需的最终产品可能与本国所提供的产品有所区别[23, 27]。客户需求的扩展和多样化有助于企业改良产品和生产技术，不断提高自身竞争力[33]。在产品改良和推出新产品的过程中，企业能够获得启发，有利于在不同海外市场的创新研发。同时，当地客户通常会为出口商提供产品设计的想法[28]，客户需求和反馈能够充分利用客户的见解作为新想法的来源，提供未开发的知识资源，从而促进新产品的开发、推动出口创新活动[29]。

2.2.2 规模提升降低创新成本

出口贸易会让企业获得规模经济收益，从而降低创新成本。很多现代工业部门具有规模经济特点，随着生产规模的增加，企业长期平均总成本下降。在国内市场有限的情况下，企业生产规模有限，在固定成本变化不大时，平均成本较高。而随着出口贸易增加，企业面临的市场需求增加，生产规模扩大，新增的产品可以分担更多固定成本，长期平均成本随着产量增加而下降[34]。根据异质性企业出口模型，出口会导致产业内资源的再分配[35]，有利于出口企业进一步获得规模经济优势。创新成本被视为固定成本，随着长期平均成本的下降，创新研发的平均成本降低，有利于企业增强创新研发倾向，获得更多创新动力[36, 37]。

同时，出口活动也可以在金融方面降低企业创新投资所需成本。在资本市场不是完全有效的情况下，企业创新投资受到外部融资成本和内部现金来源的限制，由于各个国家之间的商业周期不完全相关，出口到不同国家有利于企业稳定现金流，从而为创新活动投资创造条件[38]。此外，由于出口意味着更稳定的预期现金流和企业质量，可以增加外部资本提供者的投资意愿，从而使出口企业容易获得更多外部投资[39]。内部现金流的稳定和外部融资的增加有利于企业获得稳定的资金保障，为创新投资的增加创造了条件。

2.2.3 出口接受知识溢出

出口贸易带来的国内国外商业交流有利于增加出口企业的知识储备。通过出口贸易，企业可以获取到它们在本国市场上无法获得的知识和信息，这些知识可以回流到本国企业，并被进一步用于企业的创新过程中[21]。

企业通过出口能够获得两种知识：市场知识和技术知识[17]。一方面，通过了解客户偏好及当地习俗，出口商可以利用市场知识优势调整现有产品以满足客户需求；另一方面，通过客户提供的反馈意见和技术、运营、产品开发等方面的帮助，出口企业可以获得更多的技术知识以不断改进产品、推动产品创新[12]。在出口的过程中，国内外相关人员能够产生更多联系和信息交换，为国内创新提供更多新颖观点，从而解决国内在生产技术等方面存在的问题；海外出口中介和经销商能够提供关于产品的改进建议，为产品生产过程的调整升级提供新颖方法，从而在有形商品交换的过程中实现无形知识的转移[3]。制造商与国外经销商之间还可以通过定期培训、座谈会等共享知识，出口企业可以获得与当地市场、产品和社会环境等相关的信息，积累管理技能，促进出口企业在国际市场上竞争力的提高[22]。此外，出口企业还可以雇用东道国的雇员，和当地科学家、工程师等进行信息交流，从而获得更多当地知识并将专业知识带回本国[12, 23]。出口商往往还会在东道国遇到新的竞争者，可以将这些竞争者的生产经营方式作为参考，甚至可以对竞争者的产品进行逆向工程来提高自身技术水平[23]。图 1 展示了出口接受知识溢出过程。

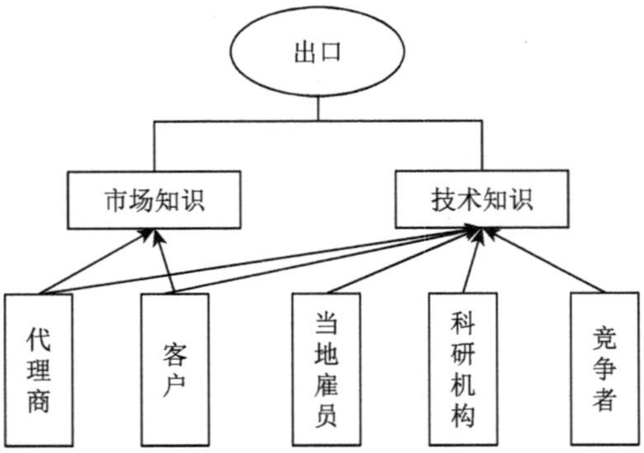

图 1　出口接受知识溢出过程

2.2.4　内部知识转移与吸收

企业在通过出口活动进入国际市场之后，面对国际市场知识溢出，需要提高自身内部实力来接受和吸收新的知识。出口带来的规模经济效应有利于降低创新所需的成本，在此过程中企业将协调重组自身资产、调整组织结构[13]，需要合理分配创新资源，将出口带来的机遇转化为创新绩效。由于出口企业面临企业所在地和出口市场分离的状况，来自市场和客户的信息在被反馈到研发部门和后续创新转化的过程中存在着知识转移和重组的困难[37, 40]，因而企业对信息的整合和吸收能力成为影响企业出口创新绩效的关键环节。如果企业自身原有技术水平和吸收能力不够强，难以及时共享和吸收新的信息，那么出口活动则难以推动企业创新绩效的持续提升。

综上，出口带来的市场扩展和需求增加激励企业进行创新，市场规模的提升也会产生规模经济收益，降低生产成本。同时企业通过出口可以接受知识溢出，并在企业内部转移和吸收知识，最终实现创新绩效的提升。图 2 对上述机制进行了展示。

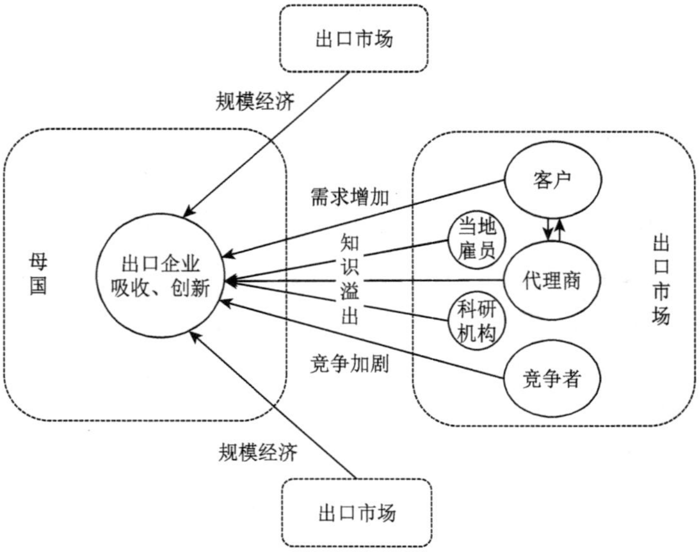

图 2　出口影响企业创新绩效的作用机制

3 出口对企业创新影响的实证研究

出口活动对企业创新绩效影响的实证研究中，大多数研究结论支持出口有助于创新绩效提升，但在特定情况下也存在着出口抑制创新以及倒“U”形的关系。本部分对主要文献的研究结论进行了总结归纳，并对其结论的产生原因做出解释，以分析出口影响企业创新的实际情况。

3.1 出口与企业创新绩效的正向关系

在对出口促进创新的实证研究中，最初多以发达国家为样本，大多得出了出口有利于提升创新绩效的结论。一系列以西班牙制造业为样本的研究表明，出口到发达国家的企业将经历创新生产力的提高。出口学习促进了知识回流和创新，在这个过程中技术领先和技术落后的企业、规模较大的企业和中小企业都能够受益[12, 17, 18, 23]。Criscuolo 等[41]基于英国企业的研究数据也发现，客户为出口商提供了重要的知识和信息来源，出口商可以通过扩展知识库来促进创新。Lileeva 和 Trefler[42]通过对加拿大关税削减带来的出口增加现象进行实证分析，发现初始生产率较低的工厂在出口之后劳动生产率得到了提高，进行了更多的产品创新，并且提高了对先进制造技术的利用率。

随着经济全球化的发展，越来越多的新兴市场国家不断推进贸易自由化，国际贸易参与程度不断提升。在进入国际市场的过程中，新兴国家出口企业面临激烈的竞争，在针对新兴市场国家的研究中，出口也表现出对创新的促进作用。Damijan 等[43]以 1996～2002 年斯洛文尼亚企业作为研究对象，发现过去的出口增加了中型和大型企业成为流程创新者的可能性，但对产品创新无显著影响。Rasiah 等[44]对 94 个柬埔寨服装企业的调查研究也显示，出口与创新之间存在正相关关系。这意味着对于发展程度较低的地区和行业而言，通过出口促进创新依然是可行的渠道。

近年来，随着中国加入世界贸易组织，出口活动迅速增加，当下已成为全球货物贸易第一大国，出口给中国带来的创新绩效逐渐成为海内外学者共同关心的话题。近些年来以中国数据为基础的研究数量不断增加，相关研究主要从国家、产业和企业等不同层次展开。在国家层面上，王明成等[45]基于 1986～2009 年《中国统计年鉴》中的宏观数据，利用格兰杰因果关系检验方法发现，出口能够增强我国实用技术的创新能力，但是未能显著促进我国原始创新能力。余官胜[46]也基于联立方程组对宏观数据进行分析，发现我国出口贸易和技术创新相互促进。在产业层面上，Liu 和 Buck[19]利用固定效应模型和 GMM（generalized method of moment，广义矩估计）方法，基于《中国高技术产业统计年鉴》中的行业数据进行分析，发现对于高科技行业而言，通过出口学习可以促进本土企业的创新。更多的研究集中在微观企业层面的探索，向永辉和曹旭华[47]以新能源产业为例，采用 Probit 模型分析发现，我国出口对企业创新产出有着明显正效应。亢梅玲等[48]也通过对 1999～2007 年中国工业企业数据库的实证研究发现，企业参与出口能够显著提高企业产品创新和研发的可能性，出口对创新有显著的促进作用，促进作用程度因企业规模、所在地区而有所不同。总的来看，与中国相关的研究从多个层次入手，采用多种计量分析方法，普遍得出出口对创新绩效有积极影响的结论。

3.2 出口与企业创新绩效的负向关系

出口贸易对企业创新绩效的影响过程受到企业异质性等多种因素限制，也有实证研究发现，出口贸易受到企业自身特征、战略目标和出口过程等因素影响，在某些特定情况下会阻碍企业的创新绩效。Lee[49]以马来西亚制造业企业为样本，发现以出口和销售比率衡量的出口强度与企业创新倾向负相关。

企业是否首次出口也对其创新绩效产生影响，刘晨旭[50]基于2001～2008年中国工业企业数据库的研究发现，企业首次出口会抑制创新，但企业的持续出口则能够促进创新。他认为这可能是由于持续出口的企业会产生更强的规模效应，有着更多的创新激励，而首次出口的企业需要面对适应和生存压力，从而不利于创新活动增加。此外，中低技术企业在出口中难以取得显著优势，反而会增加生产经营成本，不利于自身创新水平的提高。丁蕾[51]在基于2005～2007年中国工业企业的非平衡面板数据研究中发现，出口对低技术企业创新能力没有显著影响，甚至会抑制行业创新，而对高技术企业创新促进作用大。

可见，对于技术水平不高的企业而言，出口也可能会带来创新绩效下降。在部分发展中国家，技术水平较低的企业主要依靠劳动力成本优势进行竞争，出口活动可以发挥价格这一比较优势，企业不需要对产品进行调整改良，缺乏创新动机。同时，企业在竞争力不强或缺乏出口经验的时候，也会面临竞争压力加大，销售、宣传等成本提升等问题，这些问题可能会挤占企业有限的资源，影响原本用于创新的资源投入，进而影响创新产出。这启示着企业在制定出口战略过程中要充分考虑风险，制定恰当的生产和竞争战略。

3.3 出口与企业创新绩效的倒“U”形关系

当考虑到出口强度和出口时间的影响时，实证研究表明，企业出口与创新呈现出倒“U”形的关系，这一现象在新兴市场国家尤为明显。

出口强度对创新绩效会产生影响。Xie 和 Li[52]通过对中国的实证研究发现，随着出口强度的增加，企业在国际市场上的竞争优势有限，市场和技术劣势不利于企业增加创新研发投入，因而出口强度与产品创新之间呈现倒“U”形关系。朱晋伟和梅静娴[53]以2004～2012年中国高技术产业为研究样本也得出了类似的结论，他们通过半参数模型进行实证分析之后发现，出口比率与创新绩效在大型和中型企业中皆呈倒“U”形关系。Alvarez 和 Robertson[21]基于墨西哥和智利制造业企业的研究认为，由于参与国际市场程度更深的企业需要更少的创新努力来保持竞争力，因而出口比率与创新呈现出倒“U”形关系。

随着企业出口阶段的变化，出口带来的创新绩效也产生变化。李兵等[54]采用PSM-DID方法实证发现，1998～2007年中国工业企业出口对企业技术创新的影响呈现出倒“U”形特征，出口对创新的影响随着时间变化先升后降。在企业出口早期，面临新的市场规模和竞争环境，需要不断提升创新能力来占据有利地位，随着对市场的不断适应以及创新规模的提升，创新难度加大，专利申请数量增长有限。

出口和创新绩效的倒“U”形关系揭示了企业在出口过程中的适度强度会带来最优的创新绩效。适度的出口有利于企业接触和吸收新的知识，但当出口比率过高时，对国际市场的过分关注可能导致企业进入缺乏竞争优势的市场中，增加经营成本，阻碍创新绩效提升。同时，随着出口规模的提升，海外知识所带来的边际收益递减，创新的边际成本递增，出口和创新绩效呈现出倒“U”形关系。

表 2 展示了代表性文献对出口影响创新绩效的相关研究及其主要结论。

表 2　出口对企业创新绩效影响的主要相关文献

文献	样本	关系	主要结论	调节变量
Baldwin 和 Gu[55]	加拿大制造业企业	+	出口贸易促进了企业研发投入和创新产出	
Salomon 和 Jin[18]	1990～1997 年西班牙制造业企业	+	技术落后产业的企业从出口中学到的知识要多于技术领先产业的企业	企业技术水平
Salomon 和 Jin[12]	1990～1997 年 1744 家西班牙制造业企业	+	技术领先和落后的出口企业的创新能力在出口后都有所增加，出口后技术领先的企业比技术落后的企业申请更多的专利	企业技术水平
Damijan 等[43]	1996～2002 年斯洛文尼亚企业	+/无显著影响	出口有利于促进技术创新，而不能提高产品创新水平	
Li 等[20]	2005～2006 年 160 702 家中国企业	+	在新兴市场中，企业的出口活动将对企业的产品创新产生积极影响	
Bratti 和 Felice[26]	意大利制造企业	+	出口显著增加了引入产品创新的可能性	
Rasiah 等[44]	94 个柬埔寨服装企业	+	出口与创新之间存在正相关关系。参与出口的柬埔寨服装企业表现出较强的创新参与度	
Smith[56]	1973～2001 年美国四个高科技行业企业	+	出口在相对全球领先的行业中都会带来收益，而在相对落后的行业中结果更不确定	行业发展水平
Xie 和 Li[15]	2005～2007 年中国工业企业	+	同时拥有国内国外客户的企业更倾向于创新，在较少分离的国内和国外市场竞争的企业创新绩效更好；具有更强吸收能力的企业从市场多样性中获得更多收益	市场多样性、出口市场分离程度、企业吸收能力
Xie 和 Li[52]	2005～2007 年中国汽车企业	倒“U”形	出口强度与产品创新之间是倒“U”形关系；在国内市场竞争程度较强时，出口强度与产品创新之间的倒“U”形关系得到加强	出口强度、国内市场竞争程度
Fassio[24]	2007～2009 年七个欧洲国家制造业企业代表性样本	+	出口对创新的积极影响具体取决于出口的具体目的地，技术学习效应增加了引入全新产品创新的激励；国外需求效应则促进了过程创新的采用	出口目的国

续表

文献	样本	关系	主要结论	调节变量
Aghion等[57]	法国制造企业	+	出口冲击增加了市场规模，也刺激了所有企业的创新动机。出口需求冲击对高生产率企业的创新产生更积极的影响，而对低生产率企业的创新可能产生负面影响	出口企业生产率
Di Cintio等[58]	27个转型经济体的2292家企业	+	在转型经济体中，与非出口商企业和间接出口商相比，直接出口商更可能具有产品创新	出口方式
朱晋伟和梅静娴[53]	2004～2012年中国高技术产业企业	倒“U”形	出口比率与创新绩效在大型和中型企业里皆呈倒“U”形关系	出口比率
杨治和郭艳萍[59]	世界银行2002～2005年新兴市场和发展中国家的投资环境与生产力调研样本	+	真正能够促进企业创新的是企业的出口广度。出口强度在一定范围内能够促进企业的渐进式创新，而对突变式创新没有影响；出口广度既能促进企业的渐进式创新，也能促使企业进行突变式创新	出口广度
李兵等[54]	中国工业企业	+、–/倒“U”形	出口促进了企业自主技术创新；出口随时间变化对企业技术创新的影响呈现出倒“U”形特征；主要促进了中、高技术行业企业技术创新，中、低技术行业创新受到的影响不显著甚至出现负效应；主要从事一般贸易企业专利申请数受到出口的正向影响，而主要从事加工贸易企业受出口的负向影响；对内资企业效应显著	企业技术水平、出口时间、贸易方式、企业所有权
姚相如等[60]	2000～2006年中国规模以上工业企业	+	出口广度而非出口深度对企业创新能力具有显著的促进作用。出口广度对国有及集体企业和私营企业均有正向影响，出口深度只对私营企业创新能力有显著的促进作用；出口广度主要对非高技术行业的企业创新能力影响显著，而出口深度对高技术行业企业创新能力有积极的促进作用	出口广度、企业所有权、企业类型

资料来源：笔者根据相关文献整理

4 影响出口赋能创新的主要因素

在检验出口活动对创新驱动作用的同时，大量文献也探究了过程中的重要调节因素。如图3所示，企业异质性因素、出口异质性因素、母国环境因素和出口市场特征均会对企业出口创新过程产生影响。对这些影响因素的揭示，有利于我们进一步理解出口对创新作用的影响方式。

4.1 企业异质性因素

在出口活动对企业创新绩效的影响过程中，企业异质性是重要的调节变量，企业自身的生产力水平、吸收能力等特征对企业在出口中学习新知识造成了影响。

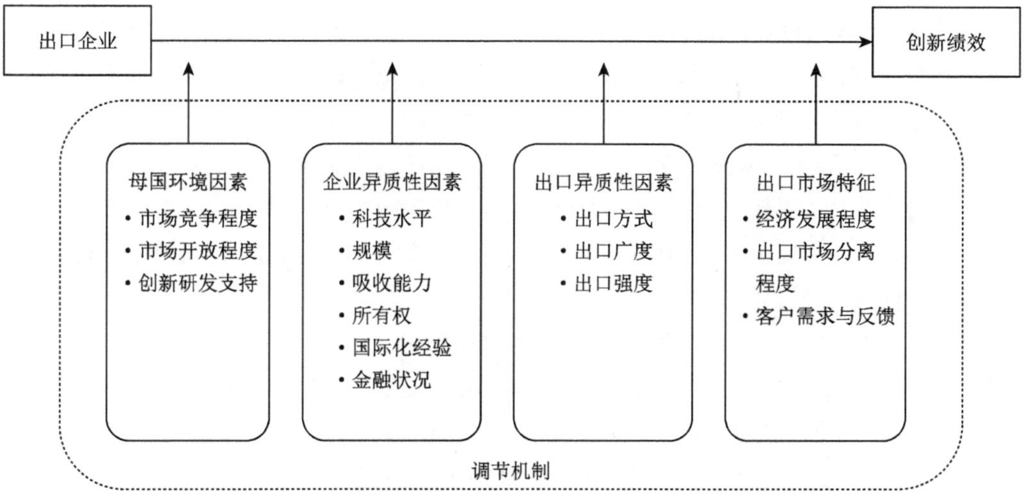

图 3 影响出口创新绩效的调节变量

第一，企业科技水平和初始生产力水平是重要的影响因素。由于高新技术行业对技术水平要求较高，通过出口可以促进国际范围内的技术学习与交流合作，能够提升企业创新能力；而中低技术的企业商品生产出口对技术水平要求低，产品往往依靠价格优势满足出口市场需求，出口对企业创新的驱动力不足，所以科技水平较高的企业更容易在出口过程中提高创新绩效。Salomon 和 Jin[18]基于西班牙制造业的实证研究表明，虽然技术领先和技术落后的企业在出口中均受益，但是在出口后技术领先的企业往往比技术落后的企业申请了更多的专利。大量基于中国工业企业的研究也发现，出口主要促进了高技术行业和中高技术行业企业的技术创新，而对于技术水平较低行业的企业而言，出口对创新的影响不显著，甚至产生负向影响[50, 54]。在出口活动影响创新绩效的过程中，关于企业初始生产力水平的影响产生了相反的结论。Aghion 等[57]对法国企业的实证研究发现，对于初始生产率较高的企业，出口增加了市场规模，刺激了企业的创新动机，但对于初始生产率较低的企业，出口会加剧竞争、降低利润，从而降低了创新激励，因而出口需求冲击对高生产率企业的创新会产生更积极的影响，而对低生产率企业的创新可能产生负面影响。Lileeva 和 Trefler[42]对加拿大企业的研究却发现，因关税削减而增加的出口只对一部分企业有促进作用，初始生产率较低的企业产品创新数量增加，初始生产率较高的企业的创新活动则没有变化。

第二，不同规模的企业在出口影响创新绩效的过程中有着不同的表现。在国外相关研究中，Damijan 等[61]通过对欧洲国家的调查发现，出口对中型企业的创新影响最大，而大企业与小企业的出口对创新的影响并没有显著不同。不同规模的企业在出口学习过程中产生的创新类型也有所不同，Golovko 和 Valentini[38]通过分析西班牙制造业的调查数据发现，规模较大的企业在进入出口市场后会进行更多的过程创新，而中小企业在进入出口市场之前就开始追求更多的产品创新。在对国内企业的研究中，康志勇[62]通过实证发现，由于我国中小企业多从事贴牌生产与加工贸易，出口对企业创新的影响有限，而规模较大的企业主要依靠自主品牌参与市场竞争，出口对创新的促进作用明显。

第三，企业吸收能力也会对出口创新绩效造成影响。较强的吸收能力有利于促进企业学习新知识并加强内部信息交流，从而提高创新绩效。Xie 和 Li[15]的实证研究表明，具有更强吸收能力的企业能够更好地克服出口过程中市场分离带来的困难，并从市场多样性中获得更多收益，从而获得更好的创新绩效。李凡和代永玮[63]通过对中国 209 家高技术上市公司的实证分析发现，企业吸收能力是影响创新绩效的重要因素，出口绩效与吸收能力之间存在双向关系。Li 等[20]认为，新兴市场企业的吸收能力太有限而无法有效地学习先进技术，企业吸收能力是影响企业出口创新成果的重要因素。

第四，企业所有制也会对企业出口创新绩效产生影响，但是已有实证研究对于何种所有制企业更擅长通过出口进行创新产生了分歧。在基于中国企业的研究中，部分研究认为内资企业出口行为更有利于创新，如丁蕾[51]认为，由于外资企业一般在母国总公司进行研发，在中国的子公司接触的核心技术有限，出口对外资企业创新的影响较小。李兵等[54]通过对中国工业企业的实证分析，也发现出口对内资企业创新有显著促进作用，而对外资企业没有显著影响。但是也有研究认为在出口促进创新的过程中，外资企业成效更为显著。逯宇铎等[64]认为，由于外资企业更熟悉国外市场，能够在出口市场中学到更多知识和管理经验，从而在创新中表现出更好的绩效。吴航[65]基于工业企业的分析也指出，外资有利于解决国内企业出口过程中遇到的问题和障碍，有利于本土企业加入全球生产网络，从而获得更多的信息和机会，所以跨国公司入股能够正向调节企业出口强度与创新绩效的关系。

第五，企业自身国际化经验对于出口创新有着正向调节作用。Love 等[66]通过对爱尔兰制造工厂的实证研究表明，与外部合作伙伴的联系有利于信息处理和学习过程，扩大知识来源范围，因而在前一时期具有丰富外部合作经验的企业在当下通过开放可以获得更多的创新成果。Wang 和 Tao[16]在以中国为背景的研究中也发现，在其他条件不变的情况下，企业同时采取多种跨境学习机制有利于增强学习效果。吴航[65]也发现，国际化经验正向调节出口强度与创新绩效的关系，这些经验在经过企业消化整合之后，能够帮助企业在其他国家进行适应和学习，提高创新绩效。

此外，企业金融状况是影响企业出口学习程度的约束条件。韩媛媛[67]基于中国工业企业的实证分析发现，正式金融下的银行信贷会对出口企业的创新活动产生积极影响，越容易获得外部融资的出口企业越容易提高自身创新能力。

4.2 出口异质性因素

一系列与企业出口相关的特征也被证明与通过出口而获得的创新能力提升有关。

企业采用的不同出口方式会对创新绩效产生影响。Salomon[23]利用西班牙制造业数据实证表明，出口中介可能没有足够的传递市场和客户信息的动力，在信息传递过程中也可能会出现错漏，出口企业难以充分获得海外市场信息。因而在出口过程中，直接向国际市场出口的企业会比使用出口中介的企业引入更多的创新。Di Cintio 等[58]利用 27 个转型经济体的数据进行实证研究，发现尽管贸易中介机构的使用越来越广泛，但在转型经济体中，直接出口商比间接出口商更有可能进行产品创新。

出口广度所带来的市场多元化也对创新具有促进作用。出口市场上高度多元化的企业可以接触到来自不同国家的更多知识，大规模、差异化的商业环境有助于实现规模经济，推动企业不断进行产品创新。姚相如等[60]对中国工业企业的实证研究表明，出口广度而非出口深度对企业新产品产出具有促进作用。杨治和郭艳萍[59]通过对全球范围内新兴市场和发展中国家的投资环境与生产力调研数据进行分析，发现出口广度既能促进企业的渐进式创新，也能促使企业进行突变式创新。

出口强度是影响创新绩效的又一重要因素，对出口创新绩效有着较为复杂的影响。Xie 和 Li[52]认为，在新兴经济体中，出口强度与产品创新之间呈倒“U”形关系。新兴经济体的出口商在国际上往往是技术和市场的落后者。当出口强度较低时，出口企业可以从海外市场获得的知识中受益，从而改善其产品创新能力。而当出口强度很高时，出口商往往会把重点放在可能没有产品创新竞争优势的海外市场上，开发的创新产品却更少。逯宇铎等[64]通过对中国企业的实证研究发现了出口强度的抑制作用，出口带来的企业创新随出口强度的增大而减弱。

4.3 母国环境因素

出口企业所在国的环境因素会影响企业出口带来的创新绩效，具体表现在国内市场竞争程度、开放程度和国内对研发的支持上。

尽管国内竞争有利于鼓励企业充分利用通过出口获得知识，但过于激烈的国内竞争限制了国内增长的空间，导致企业更加专注于国外市场，由于出口企业在海外市场不一定能够占据优势地位，所以不利于产品创新[52]。同时，国内原有市场开放程度也会对出口学习的效果造成影响。Xie 和 Li[68]通过对中国企业的实证研究指出，国内市场开放程度提升将会抑制出口学习的有效性，因为在对外贸易更加开放的市场中，跨国公司等的存在可能会抵消出口企业的信息优势，通过出口难以获得有竞争力的新信息，无法推动出口创新。此外，母国对创新研发的支持是企业利用海外知识进行创新的重要保障条件。即使出口商可以从国外获得大量知识，但如果其他知识来源不足，出口商也可能无法适当地利用这一优势并进行创新。当本国有足够的研发支持和激励机制时，企业才可以通过公共研究机构等获得补充知识来源，有利于推动出口创新绩效的提升[68]。

4.4 出口市场特征

出口市场的不同特点也会影响企业在出口过程中的创新绩效。首先，出口市场的经济发展程度是重要的影响因素。Salomon[23]通过对西班牙制造业企业的研究发现，出口到发达国家的企业将经历创新生产率的提高，这是因为在更发达的地区更容易接近技术前沿，而在发展中国家，出口企业获得先进技术知识的可能性较小。

其次，出口市场的分离程度是导致出口企业创新绩效不同的因素。Rahmouni 等[69]指出，同时有国内国外市场的企业更倾向于创新，从外部知识中获益更多，外部知识源在企业创新过程中扮演着重要角色。Xie 和 Li[15]基于需求视角进行的实证研究发现，同时拥有国内和国外客户有利于企业获得更多的机会获取各种知识并形成创新的组合，但是服务于不同的客户往往会阻碍知识的转移、共享和整合。

最后，不同出口市场上客户的需求与反馈程度也会影响出口企业的创新行为。外国需求效应可能会增加企业引入品牌新产品创新的动力，随着海外需求的增长，出口企业的创新能力不断增强[24]。Bratti 和 Felice[26]对于意大利制造业企业的实证分析也表明，由于文化、地理、种族和历史差异，各国消费者需求异质性有利于促使企业出口后对产品进行改进，不断满足新的需求，确立独特竞争优势，促进出口企业创新产品的产出。

5 结论和展望

本文通过对相关文献的回顾，结合组织学习理论、知识基础观、需求基础观与企业能力观从理论上分析了出口赋能创新的作用机制，即市场扩展、成本降低、知识溢出和内部吸收影响下的创新成果转换。在实证研究中，出口对企业创新绩效的作用呈现出包括促进、抑制、倒“U”形等在内的复杂关系，本文进一步探究了这一现象背后的影响因素，指出企业异质性因素、出口异质性因素、母国环境因素和出口市场特征均对出口影响创新的过程发挥着重要的影响。已有研究较为全面地刻画了出口对创新的作用过程及其影响因素，然而面对新的时代发展机遇，原有理论机制和研究方法依然存在着提升空间，本文在最后提出以下方面的未来研究展望。

5.1 企业出口战略影响创新的理论机制研究

企业在出口中创新的内部机制较为隐秘，难以通过数据直观观察，因而已有研究大多集中在对出口和创新现象的探究中。大部分文献选取了代表企业出口情况和创新成果的变量，利用不同的分析技术探究二者之间的数量关系，而对企业通过出口驱动创新的内在机制大多停留在理论推演和结果解释中。鲜有文献对企业如何面对市场竞争、接收外部知识，以及对于接收到的外部知识能否转化为创新、如何转化为创新进行深入研究。在未来需要加强对企业出口创新转化的内部机理的研究，可以适当选取定性与定量相结合的方法，全面探究影响企业出口创新过程的因素，为出口企业创新能力提升提供理论支持。

5.2 大样本多方法的稳健实证研究

在出口对创新绩效影响的研究中，实证结论存在着不一致的现象。这一方面是由于样本选择可能存在一定的不同，另一方面也是由于不同研究者所选取的研究方法存在差异。在样本选择方面，需要进一步探究出口特征对创新的影响是否存在一定的边界条件和情境约束，既需要利用国别研究探索特殊性现象，也需要通过跨国数据探究普适性结论。

在研究方法上面，由于在出口与创新的关系研究中，创新能力强的企业也有可能更倾向于出口，这种“自选择”现象的存在在一定程度上对出口影响创新的研究造成了干扰。为了解决这一内生性问题，部分研究采用了倾向得分匹配法，也有部分研究采用工具变量法、格兰杰因果检验法等方法，研究方法的恰当性也对实证研究结论造成了影响。在未来，需要进一步把理论和实践相结合，选择更为合适、准确的研究方法。

5.3 复杂情境下的出口创新绩效研究

在已有研究中，企业的特征和出口的特征都对出口带来的创新绩效产生影响，这一影响在不同的情境下有着不同的结论，这启示着我们关注不同特征组合的多样化情境。

随着国际贸易的迅速发展，出口逐渐呈现出日益复杂的特征，企业在出口产品、出口方式和出口目的地等方面更为多样化。在拓展国际市场的过程中，企业可能会同时出口不同种类和附加值的产品，也可能会将商品同时出口到发达国家和发展中国家，在出口过程中也可能会同时采取多样化的贸易和运输方式。已有研究大多关注出口过程中的单一特点对创新绩效的影响，而忽视了出口战略各个环节的共同作用。在未来的研究中，对出口多样化的复合情形加以考虑，探究各项贸易选择在影响创新绩效的过程中所发挥的不同作用，将有利于丰富我们对出口绩效的理解，为企业制定出口贸易战略提供有益启示。

同时，企业自身的复杂特征组合对出口创新绩效的影响也值得进一步探究。企业异质性特征是影响企业创新绩效的重要因素，已有研究从企业自身技术水平、规模、所有制等多方面进行了分析，但是所选角度多为单一特征，得出的结论也存在矛盾之处，这启发着我们进一步探究企业不同的特征组合是否影响出口创新绩效的重要因素。当企业同时具备多种异质性特征，这些特征对出口创新的单一影响在相互作用之下，或许存在新的影响机制与作用规律。对更为复杂的企业异质性组合的探究将为企业根据自身特征调整出口战略提供有益借鉴，也有利于政府在国家创新体系建设过程中针对出口企业制定更为合理的支持和激励政策。

5.4 新兴市场国家的出口赋能创新研究

已有对出口影响创新的机制和影响因素研究中，研究样本多集中在发达国家，而对新兴市场国家的研究数量有限。当下在国际贸易的过程中，新兴市场国家发挥着越来越重要的作用，但由于新兴市场国家经济、科技发展水平仍然与发达国家存在一定差距，新兴市场国家出口企业在全球价值链中往往处于较为下游的位置，它们较多生产低附加值的产品。在此背景下，新兴市场国家企业出口是否可以促进创新、采用何种机制促进创新或许存在着与发达国家企业不同的现象与差异性的理论解释，需要进一步发展相关研究以揭示不同国情背景下的发展规律，从而为新兴市场国家出口贸易发展和创新绩效提升提供理论支持和实践指导。

在对中国出口企业的相关研究中，受到微观数据来源的限制，现有企业层面的定量研究多采用 2010 年之前的工业企业数据，数据来源较为单一，数据时间较早，而且以中国企业为主体的研究大多采用定量的方法，不同样本展现普遍规律的同时却难以揭示具体的作用机制。随着近年来中国企业参与国际贸易程度的不断加深，出口对创新的影响也逐步呈现出新的现象。中国出口产品的竞争力不断提升，大批中国高科技产品走向世界；由于国内劳动力成本上升，原有出口加工工业呈现出向外转移的趋势；中美贸易摩擦和后疫情时代的世界政治经济形势的变幻也为出口贸易绩效增加了不确定性，我国“双循环”新发展格局下对企业出口战略提出新的时代要求。在此背景下，影响中国企业创新绩效的机制和因素可能会有相应的变化，需要进一步探究。因而在未来的研究中，可以适当采用定性和定量相结合的研究方法，在利用新数据进行大样本分析的同时，选取有代表性的企业进行案例研究，从而进一步探究数据背后的出口赋能创新的核心机制与崭新现象，为新形势下企业出口战略制定和培育创新提供有益启示。

参考文献

[1] 江小涓，孟丽君. 内循环为主、外循环赋能与更高水平双循环——国际经验与中国实践[J]. 管理世界，2021，37（1）：1-19.

[2] 陈劲，阳镇，尹西明. 双循环新发展格局下的中国科技创新战略[J]. 当代经济科学，2021，43（1）：1-9.

[3] Grossman G M，Helpman E. Innovation and Growth in The Global Economy[M]. Cambridge：MIT Press，1993.

[4] Young A. Learning by doing and the dynamic effects of international trade[J]. The Quarterly Journal of Economics，1991，106（2）：369-405.

[5] Cohen W M，Levinthal D A. Absorptive capacity：a new perspective on learning and innovation[J]. Administrative science quarterly，1990，35（1）：128-152.

[6] Love J H，Ganotakis P. Learning by exporting：lessons from high-technology SMEs[J]. International Business Review，2013，22（1）：1-17.

[7] Spender J C，Grant R M. Knowledge and the firm：overview[J]. Strategic Management Journal，1996，17（S2）：5-9.

[8] Bonner J M，Walker Jr O C. Selecting influential business-to-business customers in new product development：relational embeddedness and knowledge heterogeneity considerations[J]. Journal of Product Innovation Management，2004，21（3）：155-169.

[9] Priem R L，Li S，Carr J C. Insights and new directions from demand-side approaches to technology innovation，entrepreneurship，and strategic management research[J]. Journal of Management，2012，38（1）：346-374.

[10] Barney J. Firm resources and sustained competitive advantage[J]. Journal of Management，1991，17（1）：99-120.

[11] Peteraf M A. The cornerstones of competitive advantage：a resource-based view[J]. Strategic Management Journal，1993，14（3）：179-191.

[12] Salomon R，Jin B. Do leading or lagging firms learn more from exporting? [J]. Strategic Management Journal，2010，31（10）：1088-1113.

[13] Teece D J. Explicating dynamic capabilities：the nature and microfoundations of（sustainable）enterprise performance[J].

Strategic Management Journal，2007，28（13）：1319-1350.

[14]Golovko E，Valentini G. Selective learning-by-exporting：firm size and product versus process innovation[J]. Global Strategy Journal，2014，4（3）：161-180.

[15]Xie Z，Li J. Demand heterogeneity，learning diversity and innovation in an emerging economy[J]. Journal of International Management，2015，21（4）：277-292.

[16]Wang K，Tao W. Exploring the complementarity between product exports and foreign technology imports for innovation in emerging economic firms[J]. European Journal of Marketing，2019，53（2）：224-256.

[17]Salomon R M，Shaver J M. Learning by exporting：new insights from examining firm innovation[J]. Journal of Economics & Management Strategy，2005，14（2）：431-460.

[18]Salomon R，Jin B. Does knowledge spill to leaders or laggards? Exploring industry heterogeneity in learning by exporting[J]. Journal of International Business Studies，2008，39（1）：132-150.

[19]Liu X，Buck T. Innovation performance and channels for international technology spillovers：evidence from Chinese high-tech industries[J]. Research policy，2007，36（3）：355-366.

[20]Li J，Chen D，Shapiro D M. Product innovations in emerging economies：the role of foreign knowledge access channels and internal efforts in Chinese firms[J]. Management and Organization Review，2010，6（2）：243-266.

[21]Alvarez R，Robertson R. Exposure to foreign markets and plant-level innovation：evidence from Chile and Mexico[J]. The Journal of International Trade & Economic Development，2004，13（1）：57-87.

[22]Wu F，Sinkovics R R，Cavusgil S T，et al. Overcoming export manufacturers' dilemma in international expansion[J]. Journal of International Business Studies，2007，38（2）：283-302.

[23]Salomon R M. Spillovers to foreign market participants：assessing the impact of export strategies on innovative productivity[J]. Strategic Organization，2006，4（2）：135-164.

[24]Fassio C. Export-led innovation：the role of export destinations[J]. Industrial and Corporate Change，2018，27（1）：149-171.

[25]Yang C-H. Exports and innovation：the role of heterogeneity in exports[J]. Empirical Economics，2018，55（3）：1065-1087.

[26]Bratti M，Felice G. Are exporters more likely to introduce product innovations? [J]. The World Economy，2012，35（11）：1559-1598.

[27]Vernon R. The product cycle hypothesis in a new international environment[J]. Oxford Bulletin of Economics and Statistics，1979，41（4）：255-267.

[28]Baldwin J R，Hanel P. Innovation and Knowledge Creation in An Open Economy：Canadian Industry and International Implications[M]. Cambridge：Cambridge University Press，2003.

[29]Barasa L，Kinyanjui B，Knoben J，et al. Innovation and exporting：the case of mediation effects in Sub-Saharan Africa[J]. Industry and Innovation，2021，28（2）：113-135.

[30]Blalock G，Gertler P J. Learning from exporting revisited in a less developed setting[J]. Journal of Development Economics，2004，75（2）：397-416.

[31] Schmookler J. Invention and Economic Growth[M]. Cambridge：Harvard University Press，2013.
[32] Priem R L，Butler J E，Li S. Toward reimagining strategy research：retrospection and prospection on the 2011 AMR decade award article[J]. Academy of Management Review，2013，38（4）：471-489.
[33] Vernon R. International investment and international trade in the product cycle[J]. The Quarterly Journal of Economics，1966，80（2）：190-207.
[34] Helpman E，Krugman P R. Market Structure and Foreign Trade：Increasing Returns，Imperfect Competition，and The International Economy[M]. Cambridge：MIT Press，1985.
[35] Melitz M J. The impact of trade on intra-industry reallocations and aggregate industry productivity[J]. Econometrica，2003，71（6）：1695-1725.
[36] Pugel T A. International Market Linkages and US Manufacturing：Prices，Profits，and Patterns[M]. Cambridge：Ballinger Publishing Company，1978.
[37] Tan L T，Hwang A R. Imported technology and R&D in the Taiwanese electronic industry[J]. Review of Development Economics，2002，6（1）：77-90.
[38] Golovko E，Valentini G. Exploring the complementarity between innovation and export for SMEs' growth[J]. Journal of International Business Studies，2011，42（3）：362-380.
[39] Shaver M J. The benefits of geographic sales diversification：how exporting facilitates capital investment[J]. Strategic Management Journal，2011，32（10）：1046-1060.
[40] Breschi S，Lissoni F，Malerba F. Knowledge-relatedness in firm technological diversification[J]. Research Policy，2003，32（1）：69-87.
[41] Criscuolo C，Haskel J E，Slaughter M J. Global engagement and the innovation activities of firms[J]. International Journal of Industrial Organization，2010，28（2）：191-202.
[42] Lileeva A，Trefler D. Improved access to foreign markets raises plant-level productivity for some plants[J]. The Quarterly Journal of Economics，2010，125（3）：1051-1099.
[43] Damijan J P，Kostevc Č，Polanec S. From innovation to exporting or vice versa？[J]. The World Economy，2010，33（3）：374-398.
[44] Rasiah R，Gopal V，Sanjivee P. Export and innovation in Cambodian clothing manufacturing firms[J]. Asian Journal of Technology Innovation，2013，21（2）：305-316.
[45] 王明成. 出口与创新能力的 Granger 因果关系检验——基于中国 1985 年～2008 年的时间序列分析[J].经济经纬，2011（1）：48-53.
[46] 余官胜. 我国出口贸易和技术创新关系实证研究——基于联立方程组[J]. 科学学研究，2011，29（2）：300-305.
[47] 向永辉，曹旭华. 创新绩效角度的战略性新兴产业发展实证研究——以新能源产业为例[J]. 商业经济与管理，2014，（3）：33-39.
[48] 亢梅玲，陈安筠，李涛. 出口学习效应与企业创新[J]. 研究与发展管理，2016，28（2）：23-32.
[49] Lee C. The determinants of innovation in the Malaysian manufacturing sector：an econometric analysis at the firm level[J]. ASEAN Economic Bulletin，2004，21（3）：319-329.

[50]刘晨旭. 出口对工业企业创新的影响[D]. 合肥：安徽财经大学，2015.

[51]丁蕾. 出口对企业创新能力的影响[D]. 南京：南京大学，2018.

[52]Xie Z，Li J. Export intensity，domestic competition，and product innovation in an emerging economy[J]. International Journal of Technology Management，2017，74（1/4）：96-121.

[53]朱晋伟，梅静娴. 不同规模企业间创新绩效影响因素比较研究——基于面板数据半参数模型[J]. 科学学与科学技术管理，2015，36（2）：83-91.

[54]李兵，岳云嵩，陈婷. 出口与企业自主技术创新：来自企业专利数据的经验研究[J]. 世界经济，2016，39（12）：72-94.

[55]Baldwin J R，Gu W. Trade liberalization：export-market participation，productivity growth，and innovation[J]. Oxford Review of Economic Policy，2004，20（3）：372-392.

[56]Smith S W. Follow me to the innovation frontier? Leaders，laggards，and the differential effects of imports and exports on technological innovation[J]. Journal of International Business Studies，2014，45（3）：248-274.

[57]Aghion P，Bergeaud A，Lequien M，et al. The Impact of Exports on Innovation：Theory and Evidence[M]. New York：National Bureau of Economic Research，2018.

[58]Di Cintio M，Ghosh S，Grassi E. Direct or indirect exports：what matters for firms' innovation activities? [J]. Applied Economics Letters，2020，27（2）：93-103.

[59]杨治，郭艳萍. 出口真能促进企业创新吗？——来自发展中国家的实证研究[J]. 系统工程，2015，33（5）：97-104.

[60]姚相如，马荣康，刘凤朝. 出口深广度是否影响了出口企业的创新能力？[J]. 科学学与科学技术管理，2016，37（6）：55-65.

[61]Damijan J，Kostevc Č，Rojec M. Exporting status and success in innovation：evidence from CIS micro data for EU countries[J]. The Journal of International Trade & Economic Development，2017，26（5）：585-611.

[62]康志勇. 出口贸易与自主创新——基于我国制造业企业的实证研究[J]. 国际贸易问题，2011，（2）：35-45.

[63]李凡，代永玮. 开放式创新下企业出口、吸收能力与创新绩效之间的关系研究[R]. 新兴经济体研究会 2018 年会暨第 6 届新兴经济体论坛，2018.

[64]逯宇铎，邱东阳，刘海洋. 创新与出口间因果关系分析——基于中国高技术产业企业数据的实证研究[J]. 技术经济，2012，31（8）：43-49，115.

[65]吴航. 企业国际化、动态能力与创新绩效关系研究[D]. 杭州：浙江大学，2014.

[66]Love J H，Roper S，Vahter P. Learning from openness：the dynamics of breadth in external innovation linkages[J]. Strategic Management Journal，2014，35（11）：1703-1716.

[67]韩媛媛. 融资约束、出口与企业创新：机理分析与基于中国数据的实证[D]. 杭州：浙江大学，2013.

[68]Xie Z，Li J. Exporting and innovating among emerging market firms：the moderating role of institutional development[J]. Journal of International Business Studies，2018，49（2）：222-245.

[69]Rahmouni M，Yildizoglu M，Ayadi M. Export behaviour and propensity to innovate in a developing country：the case of Tunisia[R]. Working Paper，2011.

Export Empowering Innovation：Mechanisms，Influencing Factors and Prospects

Xu Meng，Xie Wei

（School of Economics and Management，Tsinghua University，Beijing 100084，China）

Abstract: Based on previous papers published in journals from 1990 to 2021, this paper attempts to propose a systematic analysis framework for innovating by exporting. Drawing on organizational learning theory, knowledge-based view, and demand-based perspective enterprise capability view，this paper points out that export-enabled innovation mechanisms mainly include：market expansion to increase innovation incentives；scale enhancement to reduce innovation costs；export acceptance of knowledge spillovers；and internal knowledge transfer and absorption. In the process of export enabling innovation，enterprise and export heterogeneity factors，home country environmental differences，and export market characteristics are crucial moderators. Based on theoretical analyses，an outlook on future research directions is put forward to provide useful insights for both theoretical research and practical exploration of export activities.

Keywords: international trade；export；innovation performance

家族企业有利于创新吗？
——家族涉入与企业创新的元分析*

陈文婷[1,2]，刘佳琦[1]，张昱城[3]

（1. 东北财经大学 工商管理学院，大连 116025；2. 中山大学 中国家族企业研究中心，广州 510275；3. 河北工业大学 经济管理学院，天津 300401）

摘要： 采用元分析的研究方法，基于发表于2003～2019年的77篇文献的138 750个公司数据，探究了家族涉入对企业创新投入的影响及其边界条件。结果显示：家族涉入在较微弱程度上显著抑制了创新投入，但促进了创新产出。这意味着家族企业可能存在更高的创新效率，家族企业的创新决策受到行业、企业发展周期、上市动机及社会文化等制度性因素的影响。指出对家族企业创新的探讨需要突破家族涉入的单一研究框架，未来需寻找更全面反映家族企业独特性的因素。

关键词： 家族企业；家族涉入；创新投入；元分析

中图分类号： F272.2　　　**文献标识码：** A

1　研究背景

创新是家族企业实现代际价值增长、获取竞争优势的重要手段。家族企业具有企业与家族的二重属性[1]，在一定程度上被视为家族财富地位、社会声望与宗族情感的载体。与主要追求经济效益最大化的企业不同，由于“长期导向”[2-4]及社会情感财富[5]（socioemotional wealth）取向的影响，家族企业在产权结构、管理结构、用人模式的安排上都呈现出独特性。这些独特

* 基金项目：国家自然科学基金面上项目“女性继任者领导力对家族企业跨代创业的影响机制研究”（71872032）；国家自然科学基金面上项目“家庭友好政策对双职工‘工作—家庭’增益过程的影响：基于‘溢出-交叉’模型的大数据动态研究”（71972065）。

作者简介：陈文婷（1983—），女（满族），宁夏中卫人，东北财经大学工商管理学院教授，博士，研究方向为创业管理、家族企业治理；刘佳琦（1994—），男，黑龙江哈尔滨人，东北财经大学工商管理学院硕士，研究方向为企业管理；（通讯作者）张昱城（1987—），男，陕西汉中人，河北工业大学经济管理学院教授，博士，研究方向为管理学大数据、元分析方法、人力资源实践。

性表现为家族性因素或家族涉入。首先，家族企业往往关注家族情感、家族声望等非经济性目标，以实现家族社会情感财富为主要目标[5]。因此，家族企业对待高投入、高风险活动的态度更为复杂。其次，家族企业中存在多重代理问题，这使得家族成员具有利用其特殊身份“攫取”企业利润，从而不利于企业研发等创新投入活动顺利展开的可能。

实际上，在已有研究中，学者对于家族企业创新投入、创新态度、创新产出等的研究结论并不一致，对于家族企业与创新活动二者的真实关系的认知还存在分歧。因此，本文采用元分析（meta-analysis）技术对上述问题进行深入的整合分析。家族涉入是家族企业区别于其他类型企业的重要特征，反映了其在长期导向、经营管理、控制战略等方面的影响。从不同家族涉入的角度去分析企业创新的影响是必要的，许多学者也从这一角度进行了实证研究[6-8]。因此，本文利用元分析挖掘不同层次家族涉入对家族企业创新投入的影响，并从行业、企业年龄、上市性质、国家文化等方面进行调节分析，以明确家族企业中创新活动的独特性。

2 文献综述与研究假设

2.1 代理理论与社会情感财富理论对家族涉入影响的不同解释

从代理理论来看，家族企业中的多重代理问题会导致创新行为的不确定性。在家族企业中，除了股东与经理人以及大股东与小股东之间的代理问题[9]，还会产生家族成员之间的代理问题[10]。一方面，家族成员间有着天然的血缘纽带和相似的价值观，凝聚力、利他主义和信任度高，因此家族成员有动力、有自主性去经营企业，去实现企业最大化利益分配。这使得他们过度谋求个人利益的可能性大大降低，代理成本比较低，监管难度小，有利于企业开展创新活动。同时，家族成员间信息交换速度快且充分，很少出现信息不对称的问题，也有利于创新或变革。但另一方面，利他主义也会导致家族成员的“搭便车”行为[11]，家族派系滋生，增加了家族内部监管难度和潜在的发展危机[12]，导致家族成员间的代理问题愈加严重。另外，随着企业的逐代传承，“诸子析产”的传统会导致家族股权趋于分散，家族内各支系间潜在利益矛盾凸显[13]，甚至出现互相倾轧或家族内讧的情况。为了保存各自的实力和利益，家族股东可能趋于保守，不确定性的创新投入可能减少，由此避免因创新失败而造成的实力损失和地位的衰落。上述因素使得家族企业在面对创新活动时可能持有不同的态度。

从社会情感财富的角度看，家族企业的创新活动也具有不确定性。社会情感财富是家族凭借其所有者、决策者和管理者的身份从家族企业获得的非经济利益收入[5, 14, 15]。在家族企业中，这些非经济目标往往以家族为中心，涉及家族的持续控制、家族的和谐、下一代的继承和家族成员的就业等。这种目标导向的差异解释了家族企业和非家族企业的不同，以及家族企业在追求包括研发投资、国际化、并购扩张等一系列战略决策上的差异。有的时候，家族企业甚至不得不牺牲一部分企业经济利益来实现社会情感财富的积累[5]，或产生“社会情感偏袒”[16]，选择性地开发企业新业务。Kellermanns 等[17]认为，过度追求社会情感财富可能导致企业为保护家族利益而采取保守战略，决策优柔寡断或错失发展机遇。还有一些研究表明，追求短期非经济利益的约束型社会情感财富会抑制家族企业创新投入，但追求长期发展的延伸型社会情感财富则会促进企业创新投入[18, 19]。综上可见，无论是经典的代理理论，还是近些年家族企业研究中主流的社会情感财富理论，对于家族企业创新活动的解释都是存在不确定性的。

2.2 家族涉入与企业创新投入的理论假设

学术界早期对家族企业创新的研究非常有限，但2010年后呈现出蓬勃发展的趋势[2, 20]。在新经济形势下，面对更加国际化的挑战，加强创新投入对于家族企业获取高绩效及竞争优势至关重要[2]。家族企业需要通过不断学习获取新知识，以促进创新，适应市场和环境变化[21]。创新投入的多少一方面决定了企业产生新技术、专利等创新成果的可能性[22]，在一定程度上可以反映企业的创新能力[23, 24]；另一方面，创新投入更多地以研发投资的形式展开，研发带来的技术创新是构成企业创新活力的核心源泉[25]。因此，本文将通过家族涉入与创新投入的关系来考察家族企业创新活动的特点。

2.2.1 家族涉入与企业创新投入

家族涉入既反映了家族企业的代理关系，也是社会情感财富产生的前提[26]。对于家族涉入和企业创新的关系，已有研究结论并不一致。一部分学者认为家族涉入会促进企业创新投入。原因在于，家族成员间的亲缘关系可以减少信息不对称和利益冲突等代理问题，在创新投入中较少出现机会主义问题[3]；家族管理者之间更容易实现利益一致性且能够实现有效的沟通，减少委托代理问题[27]，更好地完成创新活动。此外，家族企业往往希望能够打造一个世代传承的“百年品牌”[4]，并且希望借助企业的繁荣来提升家族的社会地位、稳定家族内部关系、维系家族情感，因此往往具有很强的长期导向性，这促使家族企业可能更倾向于加强创新投入[28-30]。

然而，另外一些实证研究却得到了截然相反的结论，即家族企业较少投入创新[31]。一是创新活动需要更加灵活的决策，非家族管理者能够提升这种优势[32]。二是家族企业缺乏对外部优秀人才的招募和吸引力，使很多创新活动难以为继[11]，更重要的是，随着家族企业发展，其代理问题会越来越突出，家族成员可能不再如初创期时的利益一致。三是出于对社会情感财富的保护，以及保证企业在代际的稳定传承，家族会倾向于规避创新风险。

可以看出，家族企业是否会更多地进行创新投入并没有统一的结论，各理论视角下的实证研究结果也不一致。因此，本文通过区分家族企业的管理权涉入与所有权涉入[33]，在不同层面上进行其与企业创新投入的关系构建。

2.2.2 家族管理权涉入与企业创新投入

首先，从代理理论的角度来看，家族成员在企业内任职有助于减少代理成本。由于创始人或创始家族对家族成员的信任以及家族成员相互依赖，利他主义在家族企业里广泛存在[12]，家族成员在企业内任职的现象非常普遍[34]。然而，家族成员人力资本的局限性和研发活动所需要的专业性、复杂性之间存在矛盾或匹配不足，此时非家族技术人才的进入会增加控制家族与非家族成员之间的信息不对称性[18, 35]。

其次，当家族涉入程度较高时，管理团队观念、思维呈现出的一致性，一方面可以降低决策成本，但另一方面也会使得创新需要的异质性知识和不同的声音难以被表达[36, 37]。创新活动需要有专业人员的参与，如果家族成员较多，会限制对优秀的专业人士的招募，可能会制约企业的资源调配以及研发管理等方面的能力[18]，使得创新行为推进困难。传统的家族、宗族的“一言堂”式管理模式甚至会产生决策权威，导致民主决策机制无法有效展开[38]，错失创新活动所需要的客观性与全面性决策。

最后，家族和非家族经理人是两类异质代理人[39, 40]，“排外”使得家族管理者和职业经理人之间往往存在一定矛盾。在“家族壕沟”现象的作用下，家族成员往往获得更多的福利、权利和晋升机会。而非家族经理人面临着明显的职业天花板，且权威受到压制，发挥空间有限。甚至部分家族管理者凭借其特权身份，以及企业对家族成员的监控漏洞，进行在职消费、侵占公款等腐化行为。这些内部冲突、家族特殊津贴和消费等其他非经济活动的追求都可能会导致家族企业较低的创新投入，进而影响研发效果[6, 41, 42]。家族成员身份的特殊性导致其任职资格门槛相对于外部人会低很多，非家族雇员感受到的不公平会降低其创新积极性[43]。因此，当存在较大的代理问题时，非家族经理人员也不愿意过多承担创新活动带来的风险[34]。综上，无论是从社会情感财富的角度，还是代理成本的角度，本文提出以下假设。

H1：家族管理权涉入与创新投入存在负相关关系，即家族管理权涉入程度越高，企业创新投入越少。

2.2.3 家族所有权涉入与企业创新投入

尽管家族所有权与企业创新的关系的研究结论也不一致（可能是负向的[44]，可能是毫无关系的[45]，也可能是非线性关系[8, 46]），从比例来看，更多的研究似乎更加支持家族所有权会抑制创新的结论[6, 41, 47, 48]。

一方面，家族企业与其他类型企业的重要差异体现在家族作为控股股东或掌握企业最大股份的控制人[5]，由此使得企业对于家族产生了特殊意义。家族将企业看作家族财产，通过家族所有权涉入的提高，来获得更高的社会地位、家族荣誉，打造家族形象[49]。如果企业经营出现问题甚至破产，家族所面临的不仅仅是财富的损失，而且还要承担家族情感淡化甚至破裂的风险[50]。当企业逐步发展扩大，家族会不断将家族财富投入其中。因此，家族企业普遍对高风险、高不确定性的项目持保守态度。如果家族所持企业股权比例很高，从家族情感和利益角度出发，家族会限制研发投资，规避创新风险，削减创新投入[51]。这一效应在控股家族退出后仍然可能存在[52]。

另一方面，正如 Gomez-Mejia 等[5]的研究发现，家族为保证所有权的稳定，保证自己对企业的有效控制，避免所有权遭到稀释，以及企业的代际传承，往往拒绝外部大笔资金的注入，也不愿加入一些企业联盟等，这在一定程度上使得企业的研发资金十分有限，技术投入和人员投入缺乏保障。综上，本文提出以下假设。

H2：家族所有权涉入与创新投入存在负相关关系，即家族所有权涉入程度越高，企业创新投入越少。

2.3 调节效应：家族涉入与创新投入关系的情境影响

家族企业的战略决策不仅受到家族层面因素的影响，还深深根植于更广泛的社会经济环境中。在以往实证研究的基础上，本文选取了研究最广泛的调节变量，包括企业年龄、企业上市状况、所在行业和国家文化，来分析其调节效应。这四个调节变量的选择不仅考虑了与已有实证研究的一致性，理论上也反映了家族企业从企业层面到国家层面受到的广泛而深刻的制度影响。

2.3.1 家族企业所在行业的影响

行业本身的特质会影响其内部企业的管理风格和模式。张杰等[53]的研究发现技术型行业内由于技术壁垒明显，消费者的差异化需求突出，企业会积极进行创新投入。在非技术型行业中，企业倾向“拿来主义”，喜欢模仿产品或直接引进技术。一味只靠外在技术或产品资源会严重消耗企业自身的研发能力，产生惰性思维，影响企业的独立研发能力和长远的发展。一些结构层次较低的劳动密集型产业崇尚“低成本”战略，片面地将低成本与低投入、低售价对等，忽略了创新、渠道、竞争等，缺乏“市场挑战者”的观念，除个别龙头企业等，大部分企业在研发、创新上投入力度比较小，研发风险也比较低。

如前所述，家族企业有其传统性和守旧性，即使企业有实力去进行更多的创新开发，他们仍然要考虑更多的非经济因素，包括风险态度、对家族控制权的偏好或对既有产品和市场的认知等[54]。处在不同的行业背景下，家族企业可取得资源的难易程度不同，其面临的生存压力和社会情感财富损失的风险程度不同，家族企业对创新投入的决策也存在差异[5, 55]。在技术型行业中，创新资源具有非常明显的时效性，各种信息在行业内传递速度很快[56]，但是企业间技术壁垒很强，很难直接从其他企业获得技术资源。行业特点和发展趋势要求的研发强度要高于其他行业，风险性、不确定性、变化性也随之更强，出于家族情感等非经济因素考虑的家族企业反而可能会加强对创新投入的抑制。而一般制造业企业中由于创新投入强度小，频率低，风险有限，且相关技术或资源容易获取，家族涉入的抑制作用可能并不明显。综上，本文提出以下假设。

H3：行业对家族涉入与创新投入的关系存在调节作用。技术型行业企业会加强家族管理权涉入（a）与家族所有权涉入（b）对创新投入的负相关关系。

2.3.2 企业年龄的影响

处在不同发展周期的家族企业的创新投入决策也有可能存在差异。处于初创时期的家族企业，往往以家族关系作为正式治理制度的代理，内部架构较为松散化，趋于扁平化结构，权力距离尚未扩大，管理机制更为快速、敏锐。尤其在快速变化的市场形势下，对市场需要的迅速捕捉愈加关键，初创时期家族企业可以依靠其决策的灵活性更为快速地响应市场，帮助企业在“机会窗口”关闭之前把握住商机[57]。在创立初期，家族雇员有其相对统一的利益取向和目标需要，亲人身份也使得沟通较为顺畅，可以明显缓解代理问题[27]，家族能够为企业发展提供相应的资本支持[50]，家族资源依托亲缘血脉的基础可以得到充分累积和集合，使企业发展具备有效的资源供给。所以在创业期，家族企业往往在创新投入上拥有其他企业不具备的优势和强度。

与此相对应的是，进入成熟期甚至官僚期的家族企业很可能受到管理层级、决策模式和家族关系的禁锢，各种代理矛盾更加凸显[58]。随着企业业务的推进和规模的扩大，家族与企业的情感纽带日益加强，对社会情感财富的保护倾向也与日俱增，风险厌恶倾向也自然加强[38]，家族企业开始从创新走向保守。此时，代理成本的增加和对既有社会情感财富保护的增强形成了双重叠加效应，阻碍家族企业的创新投入。因此，本文提出以下假设。

H4：随着企业年龄的增长，家族管理权涉入（a）及家族所有权涉入（b）对创新投入的抑制作用会加强。

2.3.3 上市与非上市的影响

以资源基础观为基础的相关研究对于家族涉入和上市的关系持积极态度，认为公开上市可以克服家族涉入带来的一部分负面影响[27]。家族企业的创立往往是家族创业的结果，高度依赖于家族成员的共同努力，但这也会造成企业内部产权结构的模糊，上市是家族企业厘清产权分配的好机会。首先，上市为家族企业提供了更明显的资源优势，更多的资金注入和更专业的监管，为企业的商业运作提供外部资本市场的支持。其次，通过上市进行企业内部结构和模式变革，可以更好地吸引和配置外部优秀的人力资源，为企业发展增添新的活力。再次，上市本身为家族企业提供了合法性的支持。上市是对公司形象的良好宣传和展示。上市的高门槛及对企业资产、业务、规模、前景等方面审核披露的需求提升了企业合法性的程度。公开上市不仅仅是公司当前的业内地位的证明，也代表着强劲的实力和足够的潜力[59]，对于创新活动而言，这些可以为家族股东和消费者注入强大的信任。上市带来的有形资源，加上家族企业自身的无形资源，如利他主义等，在一定程度上会对创新投入产生积极促进作用。综上，本文提出以下假设。

H5：上市会减弱家族管理权涉入（a）及家族所有权涉入（b）对创新投入的负向影响。

2.3.4 企业所在国家文化的影响

霍夫斯泰德指出权力距离、不确定性规避、个人主义与集体主义、男性化与女性化构成了国家文化的差异，并进一步指出它们会影响企业的管理理念与实践[60]。国家文化会影响企业行为，当企业行为与所处国家文化的内在要求一致时，才能收获有效结果。长期浸润在各自国家、民族文化中的家族成员可能会将这种“国民性格”带入企业管理之中，并形成一种家族管理风格。例如，崇尚“男性化”“个人主义”的国家公民普遍会认同冒险、开拓、进取等行为，追求挑战、享受承担风险并收获成功的快感，注重自我实现，对创新活动持有更为积极的态度。

在“不确定性规避”需求强烈的国家中，这种文化背景与冒险、超前、开拓等行为不匹配，从而阻碍组织创新战略的有效落实[61]，企业成员会对研发这种风险较高的行为持较为保守的态度。研发活动需要很大的灵活性，这就要求管理中积极授权，给予一定自主空间，在高权力距离国家，集权程度高而灵活性不足，可能对家族企业的研发活动造成阻碍。综上，本文提出以下假设。

H6：国家文化对家族管理权涉入（a）和家族所有权涉入（b）与创新投入的关系存在调节作用。

3 元分析设计与数据准备

3.1 元分析方法选择

元分析汇集了以往实证研究中的所有相关样本，来组成新的总体样本进行分析，因而拥有单一实证分析不可比拟的优势，近年来在管理学研究领域也得到了很多关注。Aguinis 等[62]对五本英文顶级管理期刊的研究论文进行了统计，结果显示，从 20 世纪 80 年代开始，这五本期刊一共发表了近 200 篇元分析论文，涉及 5500 多个关系的归纳总结。姜铠丰和胡佳[63]对中文管理期刊中的元分析进行了搜索统计，发现 2008～2017 年已有 110 多篇元分析论文被发表，并且发表数呈现出逐年递增的势头。针对已有实证研究资料较多，变量关系结论存在分歧的研究问题，通过探测变量间的相关系数等效应值（effect size）以及样本量等统计数据，元分析可以有效地给出关系结论。因此，本文选择元分析方法，通过对论文实证数据的编码、分析，尽可能客观地进行研究，并建立分组分析，便于对调节变量的检验，探究差异产生的原因。

3.2 元分析的关键指标

效应值是元分析中的最关键指标，包括了两类：①变量间的相关系数（r 值）；②比较两组实验对象的均值差距的 d 值。r 值和 d 值与其他常见的假设检验统计量（如 t 值、z 值、F 值、χ^2 值等）都可以进行相互转换，但为保证数据选取一致性，避免转换过程中带来的误差，本文直接采用 r 值进行编码及后续分析。根据 Hunter 和 Schmidt[64]的建议，对效应值的处理采取校正及加权处理。

3.3 数据准备

3.3.1 文献收集及样本描述

本文以 family involvement、family ownership、family management involvement、innovation、R&D、patent、entrepreneurial orientation、家族涉入、家族所有权、家族经理、研发、创新、多元化等作为关键词，在 Wed of science、EBSCO、中国知网、Emerald、Elsevier、万方数据等平

台进行文献检索。本文尽可能从多个数据库的不同渠道检索、收集不同类型的文献资料，构成原始文献样本库。接下来，本文根据以下标准对文献进行逐篇检查，以得到符合研究要求的文献：第一，文献需用中文或者英文撰写；第二，文献采用实证研究方法；第三，文献中包含本文所要研究的家族涉入、创新投入、各类调节等关键变量；第四，文献必须准确报告了样本量、变量间的相关系数、信度等数据；第五，重复发表的类似文献只保留一篇。同一研究者或团队可能利用同一样本数据撰写并发表了数篇近似论文，对于这种情况，优先选择其中顶级的期刊，其次对比具体样本量，保留包含较大样本的文献。利用以上五条标准进行筛选，最终确定了 77 篇符合本文研究需求的实证研究文献，具体包括中文文献 24 篇，英文文献 53 篇。该数量满足元分析需要的文献数量要求（$K \geqslant 30$）。

77 篇文献时间跨度为 2003 年到 2019 年，包括 63 篇期刊论文、12 篇学位论文及 2 篇会议论文，具有代表性且覆盖范围较为全面。文献研究对象涵盖了中国、美国、英国、日本、韩国等 14 个国家及地区，包括制造业、农业、交通运输业、软件信息业等多个产业在内的企业，总体样本企业量为 138 750。其中用于家族管理权涉入分析的文献有 51 篇，总样本量为 61 757 个，用于所有权分析的文献有 59 篇，总样本量为 112 411 个。

3.3.2 编码过程

在确定研究所用的文献库后，本文进行了初步的量化编码工作。在综合分析了编码要求和未来分析所需要的数据的基础上，建立编码手册①和 Excel 编码模板，以对目标文献进行统一整理。编码包括描述项（如作者、发表年份等）和效应值（如样本量、信度、r、均值、方差等）两部分内容。具体过程如下。

首先，对所要分析的信息进行编码，并如实记录。若涉入变量的测量采用多种测量方式（如测量家族管理权涉入时，同时采用了家族 CEO 和家族人员在管理团队中所占席位两个指标），则对每一指标都进行独立编码工作（在后续步骤中需要进行合并操作），完成第一轮编码工作。

其次，第一轮编码后，对相近概念进行统一。这一工作的目的是使分析结果更加集中，增加数据代表性。将多个关于同一个关系的效应值进行整合，在最终的编码中，针对某一个具体关系，一个实证研究值提供一个合并以后的效应值[64]。最终，将反映同一种关系的效应值进行合并，合并为一个新的变量，并命名为家族管理权涉入或家族所有权涉入。

为保证数据质量，建立四人编码组，每一轮由两名成员进行编码。在完成初次编码后，由其他人员采用同样的步骤和程序进行二次编码。将两次结果进行比对，对不一致信息进行重复检验，由双方对照所编码的原文进行讨论研究，达成一致认识，以保证编码的准确性。经过两轮编码、核对以及合并等操作，最终得到本文分析所需的 Excel 数据编码。数据分析在基于 SPSS 20 的元分析代码中完成，并在基于 Excel 建立的元分析运行程序中进行分析对照。

---

① 由于篇幅原因，不在此处展示编码手册，有需要时可向作者索取。

3.4 变量测量

（1）家族所有权涉入。家族成员所持有的企业股权比例是在已有文献中最为常见且被认可的测量该变量的方式[65-67]。另有部分研究采用“所有权在家族中的分散程度”（intrafamily ownership dispersion）[68, 69]或拥有企业股权的家族人数[70]进行测量。以上变量均以家族所有权涉入（FO）进行表示。

（2）家族管理权涉入。已有文献对该变量的测量大体分为以下三种：由家族成员担任企业董事长、CEO 等重要职位[65, 71]；家族成员在企业内担任管理人员的数值[34]；家族成员担任管理人员占整个管理团队人数的比例[72]。以上变量均以家族管理权涉入（FM）进行表示。

（3）创新投入。已有文献中对这一变量的测量通常有两类：企业研发投入、支出等资金总额的数值[30, 41, 73]；研发资金在当年销售收入中所占比例[74]。另外有 1 篇文献采用研发人员比例来表示创新投入，由于采用该方法的仅有一篇，且该方法与其他两种表示方法有显著区别，对该篇进行剔除处理。其余变量均以研发（R&D）创新来表示。

（4）调节变量。行业：技术型行业编码为 1，一般制造业编码为 2，混合型行业编码为 3（多行业混合样本）。企业年龄：以 8 年作为创业期标准[75]，设置虚拟变量，企业年龄 0～8 年编码为 0，8 年以上编码为 1。上市状态：上市企业编码为 1，非上市企业编码为 0。国家文化：遵循霍夫斯泰德研究，取样本对象所在国家四个文化维度的得分。

4 实证分析与假设检验

4.1 主效应检验

表 1 展示了家族管理权涉入、家族所有权涉入与企业创新投入的关系。如表 1 所示，家族管理权涉入与创新投入的平均效应值 $\bar{r}=-0.025$，95%置信区间为（–0.048，–0.001），说明效应值在该置信区间是统计显著的（不包含 0），家族管理权涉入和创新投入存在微弱但统计显著的负相关关系，即 H1 得到验证。家族所有权涉入与创新投入的平均效应值 $\bar{r}=-0.003$，95%置信区间为（–0.026，0.020），家族所有权涉入与创新投入的关系不显著，H2 没有得到验证。

表 1 主效应检验及异质性检验

变量	研究数目	样本量	平均效应值	95%置信区间		80%置信区间		I^2
				下限	上限	下限	上限	
家族管理权涉入	51	61 757	–0.025	–0.048	–0.001	–0.127	0.077	88%
家族所有权涉入	59	112 411	–0.003	–0.026	0.020	–0.113	0.107	93%

资料来源：本文计算整理

注：I^2 用来测量效应值的方差有多少比例可以被实际差异解释，而不是抽样误差或其他误差（如测量误差等）解释，可用于异质性检验

4.2 调节效应检验

针对选定的调节变量，本文对类别变量进行分组分析。其中，家族管理权涉入与创新投入关系的调节检验如表 2 所示，家族所有权涉入与创新投入关系的调节检验如表 3 所示。同时，对连续型调节变量进行交互项回归分析，结果如表 4 所示。

表 2 家族管理权涉入部分调节效应检验

调节变量	类别	研究数目	样本量	平均效应值	95%置信区间	
					下限	上限
行业	技术型行业	7	7 878	–0.114	–0.167 9	–0.061 9
	一般制造业	13	21 161	0.005	–0.019 9	0.031 7
企业年龄	0～8 年	12	13 811	0.020	–0.000 5	0.040 9
	8 年以上	39	47 946	–0.037	–0.065 3	–0.008 9
上市	是	33	40 372	–0.036	–0.068 4	–0.003 2
	否	18	21 385	–0.003	–0.026 7	0.020 7

资料来源：本文计算整理

表 3 家族所有权涉入部分调节效应检验

调节变量	类别	研究数目	样本量	平均效应值	95%置信区间	
					下限	上限
行业	技术型行业	11	17 675	–0.045	–0.092 8	0.001 9
	一般制造业	14	13 012	–0.035	–0.102 1	0.032 8
企业年龄	0～8 年	15	18 587	–0.023	–0.073 4	0.028 1
	8 年以上	44	93 824	0.001	–0.024 3	0.026 5
上市	是	46	100 874	–0.005	–0.030 5	0.020 9
	否	13	11 537	0.014	–0.032 0	0.062 4

资料来源：本文计算整理

表 4 国家文化调节效应检验

调节变量	自变量	研究数目	*B*	SE	*t*	*p*
权力距离	家族管理权涉入	51	0.001	0.001	1.770	0.083
	家族所有权涉入	59	0	0.001	0.156	0.877
不确定性规避	家族管理权涉入	51	0	0.001	–0.416	0.679
	家族所有权涉入	59	–0.001	0.001	–1.031	0.307

续表

调节变量	自变量	研究数目	*B*	SE	*t*	*p*
个人主义	家族管理权涉入	51	0	0	−0.977	0.334
	家族所有权涉入	59	0.001	0	2.009	0.049
男性化	家族管理权涉入	51	−0.002	0.001	−1.272	0.209
	家族所有权涉入	59	0.003	0.001	2.591	0.012

资料来源：本文计算整理

4.2.1 企业所在行业的影响

由表 2 和表 3 可知，针对家族管理权涉入与企业创新投入的关系，在技术型行业中，平均效应值$\bar{r}$ = −0.114，95%置信区间为（−0.1679，−0.0619，不含 0），在一般制造业中，$\bar{r}$ = 0.005，95%置信区间为（−0.0199，0.0317，含 0），二者具有显著区别，表明在技术型行业中家族管理权涉入对创新投入的抑制作用较强，H3（a）得到验证。针对家族所有权涉入和创新投入的关系，在技术型行业，$\bar{r}$ = −0.045，95%置信区间为（−0.0928，0.0019，含 0），在一般制造业中，$\bar{r}$ = −0.035，95%置信区间为（−0.1021，0.0328，含 0），在不同行业效应值结果均不显著，H3（b）没有得到验证。

4.2.2 企业年龄的影响

由表 2 和表 3 的结果可知，针对家族管理权涉入与企业创新投入的关系，企业年龄为 0～8 年时，平均效应值$\bar{r}$ = 0.020，95%置信区间为（−0.0005，0.0409，含 0）；在企业年龄为 8 年以上的样本中，$\bar{r}$ = −0.037，95%置信区间为（−0.0653，−0.0089，不含 0）。表明当家族企业越过创业期，家族管理权涉入对创新投入的抑制作用更明显，H4（a）得到验证。在家族所有权涉入对创新投入的影响上，企业年龄为 0～8 年时，$\bar{r}$ = −0.023，95%置信区间为（−0.0734，0.0281，含 0），在企业年龄为 8 年以上的样本中，$\bar{r}$ = 0.001，95%置信区间为（−0.0243，0.0265，含 0），效应值均不显著，H4（b）没有得到验证。

4.2.3 上市与非上市的影响

在家族管理权涉入与创新投入的关系中，当样本为上市公司时，平均效应值$\bar{r}$ = −0.036，95%置信区间为（−0.0684，−0.0032，不含 0）。当样本为非上市企业时，$\bar{r}$ = −0.003，95%置信区间为（−0.0267，0.0207，含 0），表明在上市公司中，家族管理权涉入对创新投入的抑制作用更强，与 H5（a）相反，该假设没有得到验证。在家族所有权涉入的影响中，当样本为上市公司时，$\bar{r}$ = −0.005，95%置信区间为（−0.0305，0.0209，含 0）。当样本为非上市企业时，$\bar{r}$ = 0.014，95%置信区间为（−0.032，0.0624，含 0），效应值不显著，H5（b）没有得到验证。

4.2.4 国家文化的影响

由表 4 结果可知，针对家族管理权涉入与企业创新投入的关系，国家文化四个维度的调节作用系数值均不显著（$p>0.05$），表明国家文化差异对家族管理权涉入与创新投入的关系不存在明显影响，H6（a）没有得到验证。在家族所有权涉入的维度上，个人主义的调节作用显著（$B=0.001$，$t=2.009$，$p<0.05$），表明在高个人主义的国家中，家族所有权涉入与创新投入存在正相关关系。男性化的调节作用显著（$B=0.003$，$t=2.591$，$p<0.05$），表明在男性化程度高的国家中，家族所有权涉入与创新投入存在正相关关系。因此，H6（b）部分得到验证。

4.3 进一步检验：家族涉入对创新产出的影响

在独立研究中，本文研究注意到，一部分文献区别于创新投入，用创新产出来衡量家族企业的创新活动。并且，家族企业的创新投入与创新产出可能会存在着不同解释，创新产出体现了创新投入后的结果作用。尽管创新投入受到家族企业战略保守特点的影响，但一旦其投入创新，家族涉入带来的团结协作与一致性目标可能使投入的资源更易转化。为了验证该假设，本文针对涉及的 24 篇有关创新产出（包括 patent、innovation output、innovation productivity 等变量）的文献进行了元分析，其中涉及家族管理权涉入的有 17 篇，涉及家族所有权涉入的有 18 篇。由于样本量的限制，本部分仅进行了主效应分析。结果如表 5 所示。

表 5 主效应检验及异质性检验

变量	研究数目	样本量	平均效应值	95%置信区间		80%置信区间		I^2
				下限	上限	下限	上限	
家族管理权涉入	17	12 157	−0.011 8	−0.057 8	0.034 2	−0.126 0	0.102 4	85%
家族所有权涉入	18	22 795	0.035 2	0.002 5	0.067 9	−0.047 9	0.118 3	84%

资料来源：本文计算整理

从表 5 的结果可以看出，家族管理权涉入与创新产出的平均效应值 $\bar{r}=-0.0118$，95%置信区间为（−0.0578，0.0342），置信区间包含 0，说明家族管理权涉入对创新产出不存在明显影响；而家族所有权涉入与创新产出的平均效应值 $\bar{r}=0.0352$，95%置信区间为（0.0025，0.0679），置信区间不包含 0，说明家族所有权涉入与创新产出存在正相关关系。

5 结论与展望

5.1 主要结论

第一，家族涉入在一定程度上抑制了创新投入，却促进了创新产出，这意味着家族企业可能存在更高的创新效率。家族涉入本身是创造价值还是破坏创新价值？基于目前的研究结果，这个问题的答案是：两者都不是，未来的研究可能可以回避这两种说法[76]。总的来说，从效应值上来看，家族控制或管理实际上对创新投入的影响十分有限。一方面，家族管理权涉入对创新投入的负向影响表明，由于家族社会情感财富的维护和累积的影响，家族管理人员往往厌恶风险，企业对创新的决策也会较为保守。但另一方面，家族股东及管理者之间的利益一致性使其更易保持价值观一致性，减少管理层掠夺，缓解两权分离造成的代理问题，这在一定程度上又微弱地强化了家族企业的创新产出。这与 Duran 等[77]提出的家族企业可能存在较高的创新效率的观点相一致，但从元分析的效应值上来看，这一结论的有效性是非常微弱的。

第二，家族企业的创新决策受到其所处行业、企业发展周期、上市动机及社会文化的制度性影响。首先，高技术行业中的家族企业对研发类创新投入表现出更强的抑制，而这种抑制作用在一般制造业行业中表现并不显著。这意味着，家族企业多元化目标追求的特点会让企业对创新投入显得更加保守，使得它们通常在高技术行业中处于劣势地位。其次，上市也会加强家族管理权涉入对创新投入的负向影响，这与本文的假设相悖。这意味着上市对家族企业治理的作用可能被高估了。对此结论的一个可能的解释是，上市确实会为企业带来一些新的资源和机会，但是与此同时带来的负面影响可能同样明显，如家族价值观受到冲击、家族凝聚力出现松动等[76]。当面临着更大的业绩压力和股东压力时，在社会情感财富的约束下，出于对家族形象和声望的维护，家族管理者为避免出现业绩大幅波动，上市后反而趋于保守，以求得平稳。再次，家族涉入对创新投入的抑制作用在成熟期企业更加明显，这支持了在创业早期家族成员的强利益一致性和“管家角色”的重要性。这说明，在不确定性较大而机会比较多的创业阶段下，家族企业的创新导向更加明显[78]。最后，元分析结论发现在男性化和个人主义维度下，家族所有权涉入与创新投入呈正相关关系。男性化和个人主义高的国家崇尚进取、冒险、成功[60]，市场环境竞争性较强，这导致家族企业也需要进行更多的创新投入。不过，国家文化对家族管理权涉入与创新投入的关系不具有调节作用，说明家族管理对创新投入的影响在各个国家没有明显区别。这也在一定程度上印证了 Gomez-Mejia 等的研究结果[5]：虽然所在国家、地区、民族的文化是企业存在的大环境背景，会对企业行为产生潜移默化的影响[58]，但是各个家族会产生各自的家族文化、存在不同的价值观念，进而导致各个企业的组织文化会存在差异，并不完全服从于国家文化。

第三，对家族企业创新的争论需要突破家族涉入的单一研究框架。现有研究无论是基于哪个理论视角的分析，其刻画变量更多的是以家族所有权涉入或家族管理权涉入来替代，这在一定程度上限制了对家族企业的深入理解。元分析的结果显示，从效应值上来看，家族所有权涉入或家族管理权涉入对创新投入及产出的影响的效应绝对值都基本上小于 0.05，这意味着家族涉入对创新活动整体的解释力比较微弱。未来的研究应该要寻找更深入的能够反映独特“家族性”因素的表现，而非在表面的治理安排上进行重复研究。

5.2 未来展望

本文的研究结论可以为未来研究提供一些方向和思路。首先，研究者要关注代理问题及代理成本对家族企业行为的影响。家族成员间的确存在一定管理优势，但是家族企业一样存在不同程度的代理成本，且情况会更加复杂，不能简单地归结为家族利他性会降低成本，更不能以初创时的家族“红利”来覆盖家族企业的整个发展过程。其次，研究者应重视社会情感财富的变化对于家族企业行为的解释。家族企业并不会维持一个稳定的社会情感财富状态，在不同发展时期、资源条件下，由社会情感财富带来的风险偏好可能是动态变化的。再次，本文发现，与家族所有权相对有限的影响相比，家族管理权对创新投入的影响更为明显，未来可以就家族管理权涉入的影响开展更为深入的探索。最后，国家文化对家族涉入与创新投入关系的影响十分有限，不同情境下的研究结论有趋同性，说明家族企业的特性使得其在各个国家和地区的管理行为存在一定的共性。因此，未来研究应将更多注意力集中于家族本身的特性、价值观、成长历史、管理模式、管理理念等以探索更多有价值的结果。

5.3 研究局限

第一，受到样本量的限制，本文研究仅进行了家族涉入与企业创新的直接关系的对比，并针对少部分边界条件进行了检验。当实证研究达到一定数量时，未来可以探索更多的影响边界因素，可能为学者提供对家族企业的更深入的理解。

第二，部分研究认为家族所有权涉入与创新投入存在着非线性关系[8, 46, 79]。这部分研究目前在元分析所需的原始实证分析样本中数量很少，但这一现象提示研究者未来可能需要进行更为复杂的非线性关系的检验。

第三，家族企业中的“家族”与“企业”不是独立的二元关系，而有着更为深刻的相互影响[1, 80]。家族内部存在着管理矛盾，如秉持传统还是锐意变革、企业效益与家族情感的平衡、家族领导者掌权与多代际分权等，如何面对和处理这些冲突会使不同的企业呈现出不同的创新取向[81, 82]。这些家族因素带来的异质性研究将是需要逐步深入的问题。

参考文献

[1] 陈凌，吴炳德. 从二元性走向二重性：反思家族企业与创新的关系[J]. 福建论坛（人文社会科学版），2014，（3）：17-21.

[2] Craig J，Moores K. A 10-Year longitudinal investigation of strategy，systems，and environment on innovation in family firms[J]. Family Business Review，2006，19（1）：1-10.

[3] Miller D，Le Breton-Miller I. Managing for the Long Run：Lessons in Competitive Advantage from Great Family Business[M]. New York：Harvard Business School Press，2005.

[4] 李新春，何轩，陈文婷. 战略创业与家族企业创业精神的传承——基于百年老字号李锦记的案例研究[J]. 管理世界，2008，（10）：127-140.

[5] Gomez-Mejia L R，Haynes K T，Nunez-Nickel M，et al. Socioemotional wealth and business risks in family-

controlled firms：evidence from Spanish olive oil mills[J]. Administrative Science Quarterly，2007，52（1）：106-137.

[6] Chrisman J J，Patel P C. Variations in R&D investments of family and nonfamily firms：behavioral agency and myopic loss aversion perspectives[J]. Academy of Management Journal，2012，55（4）：976-997.

[7] Ashwin A S，Krishnan R T，George R. Family firms in India：family involvement，innovation and agency and stewardship behaviors[J]. Asia Pacific Journal of Management，2015，32（4）：869-900.

[8] 代吉林，李新春，李胜文. 家族企业 R&D 投入决定机制研究——基于家族所有权和控制权视角[J]. 科学学与科学技术管理，2012，33（12）：118-126.

[9] Jensen M C，Meckling W H. Theory of the firm：managerial behavior，agency costs and ownership Structure[J]. Journal of Financial Economics，1976，3：305-360.

[10] La Porta R，Lopez-de-Silanes F，Shleifer A. Corporate ownership around the world[J]. Journal of Finance，1999，54（2）：471-517.

[11] Schulze W S，Lubatkin M H，Dino R N，et al. Agency relationships in family firms：theory and evidence[J]. Organization Science，2001，12（2）：99-116.

[12] Lubatkin M H，Schulze W S，Yan L，et al. The effects of parental altruism on the governance of family-managed firms[J]. Journal of Organizational Behavior，2005，26（3）：313-330.

[13] Gersick K E，Lansberg I，Desjardins M，et al. Stages and transitions：managing change in the family business[J]. Family Business Review，1999，12（4）：287-297.

[14] 朱沆，叶琴雪，李新春. 社会情感财富理论及其在家族企业研究中的突破[J]. 外国经济与管理，2012，34（12）：56-62.

[15] 窦军生，张玲丽，王宁. 社会情感财富框架的理论溯源与应用前沿追踪——基于家族企业研究视角[J]. 外国经济与管理，2014，36（12）：64-71.

[16] Kim H，Hoskisson R E，Zyung J D. Socioemotional favoritism：evidence from foreign divestitures in family multinationals[J]. Organization Studies，2019，40（6）：917-940.

[17] Kellermanns F W，Eddleston K A，Zellweger T M. Extending the socioemotional wealth perspective：a look at the dark side[J]. Entrepreneurship Theory and Practice，2012，36（6）：1175-1182.

[18] 朱沆，Kushins E，周影辉. 社会情感财富抑制了中国家族企业的创新投入吗？[J]. 管理世界，2016，（3）：99-114.

[19] Miller D，Le Breton-Miller I. Deconstructing socioemotional wealth[J]. Entrepreneurship Theory and Practice，2014，38（4）：713-720.

[20] 陈建林，冯昕珺，李瑞琴. 家族企业究竟是促进创新还是阻碍创新？——争论与整合[J]. 外国经济与管理，2018，40（4）：140-152.

[21] Dieguez-Soto J，Durendez A，Ruiz-Palomo D. Technological，management，and persistent innovation in small and medium family firms：the influence of professionalism[J]. Canadian Journal of Administrative Sciences，2016，33（4）：332-346.

[22] 卢方元，靳丹丹. 我国 R&D 投入对经济增长的影响——基于面板数据的实证分析[J]. 中国工业经济，2011，

（3）：149-157.

[23]Ahuja G，Lampert C M，Tandon V. Moving beyond Schumpeter：management research on the determinants of technological innovation[J]. The Academy of Management Annals，2008，2（1）：1-98.

[24]吴炳德. 家族控制对企业创新投入的影响[D]. 杭州：浙江大学，2014.

[25]赵敏. 家族企业创新研发的影响因素及能力测评研究[D]. 北京：对外经济贸易大学，2017.

[26]陈凌，陈华丽. 家族涉入、社会情感财富与企业慈善捐赠行为——基于全国私营企业调查的实证研究[J]. 管理世界，2014，（8）：90-101.

[27]Anderson R C，Reeb D M. Founding-family ownership and firm performance：evidence from the S&P 500[J]. Journal of Finance，2003，58（3）：1301-1328.

[28]Gudmundson D，Tower C B，Hartman E A. Innovation in small businesses：culture and ownership structure do matter[J]. Journal of Developmental Entrepreneurship，2003，8（1）：1-17.

[29]Kim H，Kim H，Lee P M. Ownership structure and the relationship between financial slack and R&D investments：evidence from Korean firms[J]. Organization Science，2008，19（3）：404-418.

[30]Chen V，Tsao S，Chen G. Founding family ownership and innovation[J]. Asia-Pacific Journal of Accounting & Economics，2013，20（4）：429-456.

[31]De Massis A，Frattini F，Pizzurno E，et al. Product innovation in family versus nonfamily firms：an exploratory analysis[J]. Journal of Small Business Management，2015，53（1）：1-36.

[32]李婧，贺小刚. 控制性股东与CEO的亲缘关系对企业技术创新能力的影响[J]. 科技管理研究，2011，31（8）：148-155.

[33]杨学儒，李新春. 家族涉入指数的构建与测量研究[J]. 中国工业经济，2009，（5）：99-109.

[34]蔡地，罗进辉，唐贵瑶. 家族成员参与管理、制度环境与技术创新[J]. 科研管理，2016，37（4）：85-93.

[35]Gomez-Mejia L R，Cruz C，Berrone P，et al. The bind that ties：socioemotional wealth preservation in family firms[J]. The Academy of Management Annals，2011，5（1）：653-707.

[36]Martinez J I，Stöhr B S，Quiroga B F. Family ownership and firm performance：evidence from public companies in Chile[J]. Family Business Review，2007，20（2）：83-94.

[37]余珊. 家族涉入对企业研发强度的影响[D]. 南京：南京大学，2017.

[38]胡望斌，张玉利，杨俊. 同质性还是异质性：创业导向对技术创业团队与新企业绩效关系的调节作用研究[J]. 管理世界，2014，（6）：92-109，187-188.

[39]王明琳，周生春. 控制性家族类型、双重三层委托代理问题与企业价值[J]. 管理世界，2006，（8）：83-93，103.

[40]何轩，陈文婷，李新春. 赋予股权还是泛家族化——家族企业职业经理人治理的实证研究[J]. 中国工业经济，2008，（5）：111-121.

[41]Chen H，Hsu W. Family ownership，board independence，and R&D investment[J]. Family Business Review，2009，22（4）：347-362.

[42]Block J H. R&D investments in family and founder firms：an agency perspective[J]. Journal of Business Venturing，2012，27（2）：248-265.

[43] Sciascia S, Mazzola P, Astrachan J, et al. The role of family ownership in international entrepreneurship: exploring nonlinear effects[J]. Small Business Economics, 2012, 38 (1): 15-31.

[44] Schmid T, Achleitner A K, Ampenberger M, et al. Family firms and R&D behavior: new evidence from a large-scale survey[J]. Research Policy, 2014, 43 (1): 233-244.

[45] Matzler K, Veider V, Hautz J, et al. The impact of family ownership, management, and governance on innovation[J]. Journal of Product Innovation Management, 2015, 32 (3): 319-333.

[46] 张妮，李晓彤. 家族涉入与上市公司创新行为关系研究——来自我国家族上市公司的经验数据[J]. 山东社会科学，2017,（5）：180-185.

[47] Anderson R C, Duru A, Reeb D M. Investment policy in family controlled firms[J]. Journal of Banking & Finance, 2012, 36 (6): 1744-1758.

[48] 严若森，叶云龙. 家族所有权、家族管理涉入与企业 R&D 投入水平——基于社会情感财富的分析视角[J]. 经济管理，2014,（12）：51-61.

[49] Gomez-Mejia L R, Makri M, Kintana M L. Diversification decisions in family-controlled firms[J]. Journal of Management Studies, 2010, 47 (2): 223-252.

[50] Dyer W G, Whetten D A. Family firms and social responsibility: preliminary evidence from the S&P 500[J]. Entrepreneurship Theory and Practice, 2006, 30 (6): 785-802.

[51] De Massis A, Frattini F, Lichtenthaler U. Research on technological innovation in family firms: present debates and future directions[J]. Family Business Review, 2013, 26 (1): 10-31.

[52] 姜付秀，郑晓佳，蔡文婧. 控股家族的“垂帘听政”与公司财务决策[J]. 管理世界，2017,（3）：125-145.

[53] 张杰，刘志彪，郑江淮. 中国制造业企业创新活动的关键影响因素研究——基于江苏省制造业企业问卷的分析[J]. 管理世界，2007,（6）：64-74.

[54] Chrisman J J, Chua J H, De Massis A, et al. The ability and willingness paradox in family firm innovation[J]. Journal of Product Innovation Management, 2015, 32 (3): 310-318.

[55] 周立新，杨良明. 家族涉入与家族企业创业导向：环境与经营困境的调节作用[J]. 科技进步与对策，2018,（14）：88-94.

[56] 陈志斌，吴敏，陈志红. 家族管理影响中小家族企业价值的路径：基于行业竞争的代理理论和效率理论的研究[J]. 中国工业经济，2017,（5）：113-132.

[57] Covin J G, Slevin D P. Strategic management of small firms in hostile and benign environments[J]. Strategic Management Journal, 1989, 10 (1): 75-87.

[58] 张骁，胡丽娜. 创业导向对企业绩效影响关系的边界条件研究——基于元分析技术的探索[J]. 管理世界，2013,（6）：99-110.

[59] 宋林，王建玲，姚树洁. 上市公司年报中社会责任信息披露的影响因素——基于合法性视角的研究[J]. 经济管理，2012,（2）：40-49.

[60] Hofstede G. Cultural Consequences: International Differences in Work-Related Values[M]. London: Sage Publications, 1980.

[61]Nakata C，Sivakumar K. Instituting the marketing concept in a multinational setting：the role of national culture[J]. Journal of the Academy of Marketing，2001，29（1）：255-275.

[62]Aguinis H，Pierce C A，Bosco F A，et al. Debunking myths and urban legends about meta-analysis[J]. Organizational Research Methods，2011，14（2）：306-331.

[63]姜铠丰，胡佳. 元分析研究法[C]//陈晓萍，沈伟. 组织与管理研究的实证方法[M]. 3 版. 北京：北京大学出版社，2018：337-361.

[64]Hunter J E，Schmidt F L. Methods of Meta-analysis：Correcting Error and Bias in Research Findings[M]. Newbury Park：Sage Publications，1990.

[65]Block J，Wagner M. Ownership versus management effects on corporate social responsibility concerns in large family and founder firms[J]. Journal of Family Business Strategy，2014，5（4）：339-346.

[66]梁强. 家族二代涉入如何提升企业价值——基于中国上市家族企业的经验研究[J]. 南方经济，2013，31（12）：51-62，92.

[67]周立新. 家族涉入与企业社会责任——来自中国制造业的经验证据[J]. 经济管理，2011，（9）：45-53.

[68]Campopiano G，De Massis A，Chirico F. Firm philanthropy in small-and medium-sized family firms[J]. Family Business Review，2014，27（3）：244-258.

[69]Bacci S，Cirillo A，Mussolino D，et al. The influence of family ownership dispersion on debt level in privately held firms[J]. Small Business Economics，2017，51：557-576.

[70]Cucculelli M，Le Breton-Miller I，Miller D. Product innovation，firm renewal and family governance[J]. Journal of Family Business Strategy，2016，7（2）：90-104.

[71]Lin S，Hu S. A family member or professional management？The choice of a CEO and its impact on performance[J]. Corporate Governance：An International Review，2007，15（6）：1348-1362.

[72]Mazzola P，Sciascia S，Kellermanns F W. Non-linear effects of family sources of power on performance[J]. Journal of Business Research，2013，66（4）：568-574.

[73]沈弋，徐光华，钱明. 双元创新动因、研发投入与企业绩效——基于产权异质性的比较视角[J]. 经济管理，2016，（2）：69-80.

[74]Choi Y R，Zahra A S，Yoshikawa T. Family ownership and R&D investment：the role of growth opportunities and business group membership[J]. Journal of Business Research，2015，68（10）：1053-1061.

[75]Zahra S A，Hayton J C，Salvato C. Entrepreneurship in family vs.non-family firms：a resource-based analysis of the effect of organizational culture[J]. Entrepreneurship Theory and Practice，2004，28（4）：363-381.

[76]O'Boyle E H，Pollack J M，Rutherford M W. Exploring the relation between family involvement and firms' financial performance：a meta-analysis of main and moderator effects[J]. Journal of Business Venturing，2012，27（1）：1-18.

[77]Duran P，Kammerlander N，Van Essen M，et al. Doing more with less：innovation input and output in family firms[J]. Academy of Management Journal，2016，59（4）：1224-1264.

[78]Blake C，Saleh S. A model of family owned small business performance[J]. Family Business Annual，1995，1（1）：22-31.

[79]Kowalewski O，Talavera O，Stetsyuk I. Influence of family involvement in management and ownership on firm performance：evidence from Poland[J]. Family Business Review，2010，23（1）：45-59.

[80]李新春，宋丽红. 基于二元性视角的家族企业重要研究议题梳理与评述[J]. 经济管理，2013，（8）：53-62.

[81]黄海杰，吕长江，朱晓文. 二代介入与企业创新——来自中国家族上市公司的证据[J]. 南开管理评论，2018，21（1）：6-16.

[82]李晓琳，李维安. 基于家族属性和性别属性的女性高层管理人员创新战略研究[J]. 管理学报，2019，16（11）：1624-1631.

附录 1 元分析来源英文文献统计表（按年份排序）

序号	作者	年份	题目	来源	样本来源	样本量
1	Gomez-Mejia L R	2003	The determinants of executive compensation in family-controlled public corporations	Academy of Management Journal	Mixed	253
2	Fernandez Z	2005	Internationalization strategy of small and medium-sized family businesses：some influential factors	Family Business Review	Spain	9 698
3	Zahra S A	2005	Entrepreneurial risk taking in family firms	Family Business Review	USA	209
4	Lin S H	2007	A family member or professional management? The choice of a CEO and its impact on performance	Corporate Governance：An International Review	China	2 030
5	Kim H	2008	Ownership structure and the relationship between financial slack and R&D investments：evidence from Korean firms	Organization Science	Korea	1 314
6	Chen H L	2009	Family ownership，board independence，and R&D investment	Family Business Review	China	1 845
7	Su L P	2010	Impact of family management，family control，and firm size on family ownership and firm performance	The Ninth Wuhan International Conference on E-Business	China	786
8	Casillas J C	2010	The relationship between entrepreneurial orientation and growth：the moderating role of family involvement	Entrepreneurship and Regional Development	Spain	449
9	Wong Y J	2010	Does a family-controlled firm perform better in corporate venturing?	Corporate Governance-an International Review	China	283
10	Munoz-Bullon F	2011	The impact of family involvement on the R&D intensity of publicly traded firms	Family Business Review	Canada	1 764
11	Liu Y S	2011	Family ownership and the international involvement of Taiwan's high-technology firms：the moderating effect of high-discretion organizational slack	Management and Organization Review	China	1 074

续表

序号	作者	年份	题目	来源	样本来源	样本量
12	Le Breton-Miller	2011	Stewardship or agency？A social embeddedness reconciliation of conduct and performance in public family businesses	Organization Science	Mixed	898
13	Schmitt A	2011	Family involvement in Chinese and German small business	Journal of Enterprising Culture	Germany，China	279
14	Block J H	2012	R&D investments in family and founder firms：an agency perspective	Journal of Business Venturing	USA	1 088
15	Zahra S A	2012	Organizational learning and entrepreneurship in family firms：exploring the moderating effect of ownership and cohesion	Small Business Economics	USA	741
16	Sciascia S	2012	Generational involvement in the top management team of family firms：exploring nonlinear effects on entrepreneurial orientation	Entrepreneurship Theory and Practice	Switzerland	199
17	Lichtenthaler U	2012	The impact of family involvement on dynamic innovation capabilities：evidence from German manufacturing firms	Entrepreneurship Theory and Practice	German	119
18	Singh D A	2013	Governance structure，innovation and internationalization：evidence from India	Journal of International Management	India	16 337
19	Chung C N	2013	Leadership succession and firm performance in an emerging economy：successor origin，relational embeddedness，and legitimacy	Strategic Management Journal	China	4 316
20	Miller D	2013	Family firm governance，strategic conformity，and performance：institutional vs.strategic perspectives	Organization Science	USA	898
21	Chen E	2013	Family representatives in family firms	Corporate Governance-an International Review	China	536
22	Massis A D	2013	Dispersion of family ownership and the performance of small-to-medium size private family firms	Journal of Family Business Strategy	Italy	494
23	Nekhili M	2013	Are demographic attributes and firm characteristics drivers of gender diversity？Investigating women's positions on French boards of directors	Journal of Business Ethics	France	425
24	Liang Q	2013	How does family involvement affect innovation in China？	Asia Pacific Journal of Management	China	306
25	Kashmiri S	2014	Beating the recession blues：exploring the link between family ownership，strategic marketing behavior and firm performance during recessions	International Journal of Research in Marketing	USA	2 750

续表

序号	作者	年份	题目	来源	样本来源	样本量
26	Block J，Wagner M	2014	Ownership versus management effects on corporate social responsibility concerns in large family and founder firms	Journal of Family Business Strategy	USA	2 128
27	Jaskiewicz P	2014	Founder versus family owners' impact on pay dispersion among non-CEO top managers：implications for firm performance	Journal of Management	USA	1 610
28	Tsao S M	2015	Family ownership as a moderator between R&D investments and CEO compensation	Journal of Business Research	China	2 183
29	Choi Y R	2015	Family ownership and R&D investment：the role of growth opportunities and business group membership	Journal of Business Research	Korea	2 136
30	Ashwin A S	2015	Family firms in India：family involvement，innovation and agency and stewardship behaviors	Asia Pacific Journal of Management	India	963
31	Memili E	2015	Corporate governance provisions，family involvement，and firm performance in publicly traded family firms	International Journal of Financial Studies	USA	386
32	Memili E	2015	Value creation and value appropriation in innovation process in publicly-traded family firms	Management Decision	USA	285
33	Broekaert W	2016	Innovation processes in family firms：the relevance of organizational flexibility	Small Business Economics	Europe	3 140
34	Mullins F	2016	To thine shareholders be true? Linking large corporate ownership to firms' use of commitment human resource practices	Human Resource Management	USA	2 142
35	Dieguez-Soto J	2016	Technological innovation inputs，outputs，and performance：the moderating role of family involvement in management	Family Business Review	Spain	551
36	Banno M	2016	Propensity to patent by family firms	Journal of Family Business Strategy	Italy	229
37	Cucculelli M	2016	Product innovation，firm renewal and family governance	Journal of Family Business Strategy	Italy	204
38	Madanoglu M	2016	Disentangling the effect of family involvement on innovativeness and risk taking：the role of decentralization	Journal of Business Research	England	145
39	Liu Y S	2017	Family business，innovation and organizational slack in Taiwan	Asia Pacific Journal of Management	China	1 946

续表

序号	作者	年份	题目	来源	样本来源	样本量
40	Kao M S	2017	The effect of uncertainty on FDI entry mode decisions：the influence of family ownership and involvement in the board of directors	Journal of Family Business Strategy	China	1 463
41	Nekhili M	2017	Corporate social responsibility disclosure and market value：family versus nonfamily firms	Journal of Business Research	France	850
42	Singla C	2017	Ownership structure and internationalization of Indian firms	Journal of Business Research	India	707
43	Lamb N H	2017	Family firms and corporate social responsibility：exploring "concerns"	Journal of Strategy and Management	Mixed	600
44	Sanchez-Famoso V	2017	Family involvement in top management team：impact on relationships between internal social capital and innovation	Journal of Management & Organization	Spain	172
45	Wong Y J	2018	Is an overconfident CEO good for advertising investments?	Australian Journal of Management	China	1 658
46	Kuo H C	2018	The role of education of directors in influencing firm R&D investment	Asia Pacific Management Review	China	3 059
47	Cordeiro J J	2018	Ownership influences on corporate social responsibility in the Indian context	Asia Pacific Journal of Management	India	1 339
48	Bansal S	2018	Board independence and corporate social responsibility disclosure：the mediating role of the presence of family ownership	Administrative Sciences	USA，Japan，Canada	1 072
49	Randolph R	2018	Entrenchment in publicly traded family firms：evidence from the S&P 500	Long Range Planning	USA	941
50	Yamanoi J	2018	The impact of family ownership on establishment and ownership modes in foreign direct investment：the moderating role of corruption in host countries	Global Strategy Journal	Japan	770
51	Ray S	2018	How does family involvement affect a firm's internationalization? An investigation of Indian family firms	Global Strategy Journal	India	303
52	Pittino D	2018	Psychological ownership，knowledge sharing and entrepreneurial orientation in family firms：the moderating role of governance heterogeneity	Journal of Business Research	Spain	93
53	Evert R E	2018	Family ownership and family involvement as antecedents of strategic action：a longitudinal study of initial international entry	Journal of Business Research	USA	159

注：表中所示作者为文献第一作者

附录 2 元分析来源中文文献统计表（按年份排序）

序号	作者	年份	题目	来源	样本来源	样本量
1	宋丽红	2012	家族企业更具有长期导向吗？——基于家族控制与传承意愿的实证检验	杭州师范大学学报（社会科学版）	中国	931
2	严若森	2014	家族所有权、家族管理涉入与企业 R&D 投入水平——基于社会情感财富的分析视角	经济管理	中国	1 492
3	朱沆	2014	家族为何抑制企业创新投入？制度的约束与诱导作用——733 家私营制造企业的实证证据	第九届（2014）中国管理学年会	中国	733
4	蔡地	2016	家族成员参与管理、制度环境与技术创新	科研管理	中国	3 842
5	王小铭	2016	家族企业股权集中度和高管性质对研发投入影响研究	技术与创新管理	中国	1 288
6	姚莹	2016	家族所有权对研发投入的影响	北京邮电大学硕士学位论文	中国	456
7	陈士慧	2016	家族关系对企业创业导向的影响——检验家族企业的异质性	浙江大学博士学位论文	中国	438
8	张妮	2017	家族涉入、决策团队激励与创新行为关系研究——基于中国家族控股上市公司的实证研究	山东大学博士学位论文	中国	2 800
9	姜泰宇	2017	家族控制、行业竞争与企业研发投入——基于我国上市家族企业的实证分析	东北财经大学硕士学位论文	中国	2 203
10	闵亦杰	2017	家族涉入对创业板企业技术创新投入影响研究	山东大学硕士学位论文	中国	1 769
11	岳丽君	2017	家族涉入、董事会规模与企业研发投入	山东社会科学	中国	1 625
12	柏玉妹	2017	家族涉入对创业板企业技术创新投入影响研究：绩效困境和市场化程度的调节作用	山东大学硕士学位论文	中国	890
13	余珊	2017	家族涉入对企业研发强度的影响	南京大学硕士学位论文	中国	491
14	窦军生	2017	家族涉入对企业多元化及其价值效应的影响研究	南方经济	中国	363
15	陈岩	2018	研发投入、独立董事结构与创新绩效——基于中国上市家族企业的实证检验	科研管理	中国	286 72
16	李常洪	2018	家族控制与企业创新投入——信息透明度的调节效应	科技进步与对策	中国	2 865
17	吴炳德	2018	意愿与能力：家族控制对研发投资的影响	研究与发展管理	中国	1 799
18	宋帅	2018	重庆市家族企业代际传承与技术创新研究	重庆工商大学硕士学位论文	中国	1 183
19	于凯丽	2018	高管激励与企业成长性的关系研究——基于家族所有权和管理涉入的调节作用	山东大学硕士学位论文	中国	1 145

续表

序号	作者	年份	题目	来源	样本来源	样本量
20	王晗	2018	制度环境、二代涉入与目标异质化——基于中国家族上市公司的证据	内蒙古大学硕士学位论文	中国	581
21	崔晓亚	2018	家族涉入对企业技术创新投入的影响分析	太原理工大学硕士学位论文	中国	396
22	孙晓刚	2018	家族权威与企业绩效实证研究	安徽大学硕士学位论文	中国	243
23	张云	2018	中小家族企业所有权、社会情感财富与研发投入	会计之友	中国	163
24	谢会丽	2019	家族控制特征对研发投入的影响	财会月刊	中国	2 464

注：表中所示作者为文献第一作者

Is Family Business Beneficial to Innovation? A Meta-analysis on Family Involvement and Firm Innovation

Chen Wenting[1, 2], Liu Jiaqi[1], Zhang Yucheng[3]

（1. School of Business Administration, Dongbei University of Finance and Economics, Dalian 116025, China; 2. China Family Business Research Center, Sun Yat-sen University, Guangzhou 510275, China; 3. School of Economics and Management, Hebei University of Technology, Tianjin 300401, China）

Abstract: Based on the data of 138 750 firms from 77 literatures published in the period of 2003-2019, this paper studies the impact of family involvement on innovation investment and the boundary conditions by the meta-analysis technology. The results of meta-analysis show as follows: family involvement inhibits innovation input on a relatively small degree significantly, but promotes innovation output, which means that family businesses may have a higher innovation efficiency, and the innovation decision of family business is influenced by institutional systems, such as industry, enterprise development cycle, listing motivation and national culture. And it reveals that the current discuss on family business innovation needs to break through the single research framework of family involvement, and more comprehensive unique "familiness" factors of family enterprises should be found in the future.

Keywords: family business; family involvement; innovation investment; meta-analysis

创新网络研究的现状、热点与趋势*

李庆军[1,2]，郭晓霞[3]，王超[4]

（1. 潍坊学院 经济管理学院，潍坊 261061；2. 潍坊银行博士后科研工作站，潍坊 261041；
3. 潍坊学院 传媒学院，潍坊 261061；4. 山东省科学院，济南 250014）

摘要：为揭示创新网络领域的研究现状、研究热点、演化规律和未来研究方向，运用文献计量方法和可视化软件，通过检索国内外两大权威数据库，对创新网络研究的现状、知识基础、热点、演化规律和未来方向进行了统计分析和归纳总结。研究发现：创新网络领域在概念、创新绩效、形成机制、作用机理和动态演化方面做出了理论贡献；主要依据理论是社会交换理论、社会网络理论和协同创新理论；研究热点聚焦创新主体、网络类型、影响因素、研究方法和创新产出度量五个维度；未来研究方向为全球创新网络研究、创新网络多科学多层次应用研究、演化视角下的创新网络研究等。

关键词：创新网络；研究热点；文献计量；演化分析

中图分类号：F273.1　　　　**文献标识码：A**

创新是高质量发展的第一动力，面对全球产业变革的时代大潮，必须充分认识创新的重要性。产业变革带来的产业结构调整，对创新领域提出了更高要求，单个企业很难拥有创新所需的全部资源[1]，从而独立完成更加复杂的创新活动[2]。同时，技术创新的复杂性和创新技术的加速融合，对单个企业的创新能力提出了更高要求，在这样的背景下，合作创新开始趋于普遍化[3]，各创新主体开始通过建立创新网络来获取外部的知识、技术等开放性资源[4]，进而取得技术上的创新突破[5]，由此带来了学术界对创新网络的广泛研究。

通过统计相关文献可以发现，创新网络的研究大致经历了 35 年的发展，目前学术界已经积累了比较丰富的研究文献，也有部分学者对创新网络的研究进行了回顾，刘兰剑和司春林[6]概述了 1991～2008 年创新网络的研究情况，张忠华等[2]对 2013 年以前国内创新网络研究进行了综述，周灿等[7]从演化经济地理学的视角总结了创新网络的研究进展，刘兰剑和项丽琳[8]梳理

* 基金项目：山东省社会科学规划项目“山东发展数字经济赋能新旧动能转换研究”（21CGLJ37）。

作者简介：李庆军（1982—），男，山东潍坊人，潍坊学院经济管理学院副教授、博士研究生导师，潍坊银行与山东大学联合培养博士后，研究方向为知识管理与创新管理；郭晓霞（1987—），女，山东潍坊人，潍坊学院传媒学院博士研究生，研究方向为教育管理；王超（1988—），男，山东潍坊人，山东省科学院，博士，研究方向为科技与产业情报分析。

了 2008～2017 年创新网络的演化规律与热点，顾伟男等[9]研究了近年来国外创新网络的演化机制，岳振明和赵树宽[1]回顾了国外创新网络的研究进展。总体来看，虽然学者对创新网络领域开展了一些综述性研究，但没有将国内外的研究进展结合起来进行系统性分析，另外也缺乏完整的时间序列，这不利于总体把握创新网络领域的研究热点与演化规律。基于上述不足，本文利用文献计量方法和可视化软件，从完整的时间序列出发，从多个维度归纳总结国内外创新网络的研究现状、热点与趋势，为学术界继续开展相关研究提供参考。

1 研究设计

1.1 研究方法

文献计量法是以统计学原理为基础，通过数据客观描述文献的数量特征和变化规律，进而来研究某特定领域的一种方法[10]；同时，CiteSpace 作为一种知识图谱可视化工具已经被广泛用于研究某领域的现状分析和发展规律等[11]。因此，本文采用上述方法系统研究创新网络领域的现状、热点与趋势，从总体上把握领域内的研究现状与知识基础、研究热点与演化规律以及未来研究方向。

首先，本文利用文献计量分析方法，分别对文献发表数量、国家和机构分布数量、共被引高频文献和高频关键词等方面进行了统计分析。其次，本文利用 CiteSpace[12]，借鉴相关学者的研究，通过设置相关阈值，生成了文献的共被引网络、高频关键词共现网络和关键词时间线图，以知识图谱形式呈现创新网络领域的文献时空分布、知识基础、研究热点和演化规律等[13]。

1.2 样本来源

本文的样本文献分为中文和英文两大类。分别从 CSSCI 数据库和 Web of Science 数据库搜索中文文献和英文文献作为样本来源，由于 CSSCI 数据库是目前国内人文社科领域权威的成果发布平台，而 Web of Science 数据库代表了国际相关领域的领先水平，因此，本文的样本文献权威性、可靠性和论文质量均较高。为了确保研究的精准性，本文以“创新网络”作为中文检索主题词；此外，对英文文献首先进行一次预检索，通过追踪高被引论文，确定了英文检索主题词为“innovation network”和“network of innovator”。通过清洗掉访谈类、新闻类等非学术论文，同时经过仔细筛选标题、关键词和摘要，再清洗掉与创新网络相关度不高的文献，最终获得 1771 篇样本文献，其中，中文 827 篇，英文 944 篇。中英文献的具体检索方式如表 1 所示。

表 1　样本文献的检索方式

项目	英文文献	中文文献
来源数据库	Web of Science 数据库	CSSCI 数据库
检索方式	TS =（″innovation network*″）OR TS =（″network* of innovator*″）	关键词 = “创新网络”

续表

项目	英文文献	中文文献
文献类型	Article	论文
时间跨度	1986～2020 年	1998～2020 年
检索结果	944 篇	827 篇

2 研究现状与知识基础

2.1 文献发表的总体趋势

从图 1 中可以看出，自 1986 年以来，创新网络领域内的文献发表数量整体呈增长态势，可见国内外对创新网络的研究热度持续增加。从时间维度来看，第一阶段（1986～2003 年），英文文献数量（除 1999 年）每年都多于中文文献；但在第二阶段（2004～2014 年），中文文献数量超过了英文文献；到了第三阶段（2015～2020 年），英文文献数量再次超过中文文献，且数量差距呈逐渐增大趋势。通过比较中英文文献发表情况发现，国外对创新网络的研究早于国内，且关注度持续增加；虽然截止到 2017 年，国内对创新网络研究的关注度总体也呈增加趋势，但是自 2018 年开始与国外文献发表数量的差距开始逐渐增大，且研究关注度有下降的趋势。

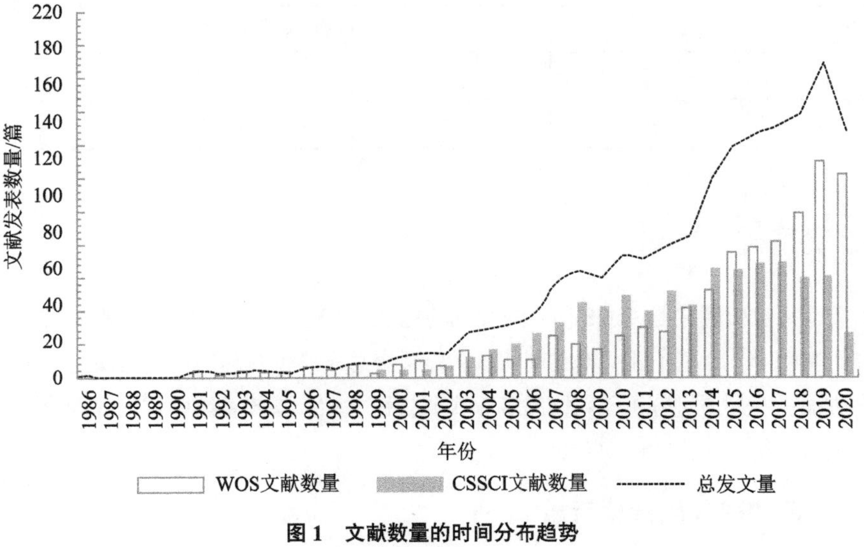

图 1　文献数量的时间分布趋势

2020 年文献数量并非全年发文量

2.2 国家和机构分布

本文采用 CiteSpace 的空间分布可视化分析功能，梳理统计了创新网络领域的国家和机构分布情况（表 2）。统计结果显示，中国的英文文献发表数量最多，占英文数量的 15.9%，由此可见，中国学者对创新网络的研究关注度非常高，这可能与我国加入 WTO 带动了学者持续关注我国如何更好地融入全球创新网络有关[2]。其次是美国和德国，这两个国家的英文文献发表数量均超过了 100 篇。中心度高代表了共现网络中的关键地位高，同时，反映了领域内的合作程度高[13]，虽然发文数量低于中国，但美国的中心度却排名全球第一，这也充分说明了在创新网络领域美国同样具有重要地位。创新网络领域英文发文量排名前 10 的机构全部为大学，荷兰有 3 所大学进入前 10 名，数量居于首位；中国有 2 所大学入选，排名次之；瑞典、德国、芬兰、英国和美国各有 1 所大学进入前 10 名。

表 2　主要国家和机构英文文献发表情况

国家文献发表情况			机构文献发表情况	
国家	文献数量	中心度	机构	文献数量
中国	150	0.36	瓦格宁根大学（荷兰）	23
美国	144	0.58	隆德大学（瑞典）	19
德国	110	0.12	霍恩海姆大学（德国）	17
荷兰	94	0.31	阿尔托大学（芬兰）	13
英国	88	0.23	中国科学院（中国）	13
意大利	72	0.12	哈尔滨工程大学（中国）	13
瑞典	51	0.08	伦敦大学（英国）	13
西班牙	46	0.26	加利福尼亚大学（美国）	11
法国	43	0.10	乌得勒支大学（荷兰）	11
澳大利亚	39	0.28	埃因霍芬理工大学（荷兰）	10

2.3 知识基础

生成文献共被引网络是 CiteSpace 的实现功能之一，它可以从大量的文献数据中提取研究主题的知识基础[11-13]，基于此，本文利用该功能系统总结了创新网络研究领域的知识基础，共包括两个方面：一是通过分析创新网络高频次共被引文献，系统总结领域内的理论贡献；二是系统总结创新网络领域内的经典理论。

2.3.1 创新网络研究的理论贡献

本文借鉴学者的相关研究[13, 14]，在生成创新网络研究领域共被引知识图谱的基础上，进行文献共被引频次的统计，频次越高代表该文献的研究观点、方法或思想被认同度越高[14]；通过分析共被引频次较高的文献，得出创新网络研究领域的理论贡献。

（1）概念界定方面。学者从组织形式、创新参与主体、创新环境和交互行为等方面划分了不同的创新网络类型，具体包括企业创新网络、协同创新网络、产学研合作创新网络、知识网络和邻近性网络等，系统阐述了各类型创新网络的特征与内涵，具体的协同创新模式有“企业–企业”“企业–政府”“企业–中介”“企业–研究机构”等[15]。

（2）创新绩效影响方面。创新绩效是测量创新整体效果的重要指标[3]，而创新网络的结构特征[3, 16, 17]、邻近性[18-20]、协同创新模式[15]、网络位置[21, 22]和吸收能力[21, 23]等都会对创新绩效产生相关影响。学者研究发现网络规模、集群性、同质性、关系强度、开放式[24]等特征以及中心性、结构洞等网络位置对创新绩效产生正向作用；知识吸收能力与创新绩效呈正相关关系，同时也起到一定的调节作用；学者对邻近性与创新绩效的研究存在一定的争议，邻近性可以包括认知、社会、组织、制度和地理五个维度；虽然邻近性能促进互动学习[20]，丰富知识流动渠道[18]，但邻近性也可能对创新产生负面影响，因认知太接近会出现知识基础同质化不利于知识流动与创新，进而降低创新绩效[19]，地理邻近的作用会逐渐趋于稳定[18]，而组织邻近性影响作用不明显[19]。

（3）网络形成机制方面。驱动创新网络形成有三个方面的机制：一是网络内生性[25, 26]，它强调源自先前网络结构的路径依赖性变化；二是五种形式的邻近性（如地理邻近性等），将网络的形成归因于企业属性的相似性；三是个体特征，即企业利用外部知识能力的异质性等[25]。此外，也有学者认为创新经纪人在协调创新发起、网络构成和创新过程管理中起主导作用[19]，这也是对创新网络形成机制的一种理论补充。

（4）作用机理方面。创新网络是一个复杂的组织形式[27]，从宏观层面来看，创新网络的作用机理主要包括两个关键要素：制度安排和自组织的协同机制[28]。从微观层面来看，创新网络存在网络惯例，是被多数网络成员所接受的规范共识，它是维持创新网络运作的内在动力[29]。

（5）动态演化方面。创新网络中关系的发展会带来信息的交换，并伴随着适应过程和常规化[30]，这个过程是动态演化的。学者总结了创新网络动态演化包括四个关键部分：网络初始状态（节点、连接和连接模式）、网络微观基础（代理、机会、惯性、外生/随机）、网络微观动力学（如同质性等）和网络维度（度分布、连通性、聚集性、同配性等）[26]。还有学者提出邻近性是影响创新网络演化的重要因素[18, 31]，组织通常也会根据地理的、认知的、组织的、制度的以及社会的相似性来选择创新合作伙伴[32]，进而在网络动态演化过程中实现协同创新。

2.3.2 创新网络研究主要依据的经典理论

为了进一步研究创新网络领域的基础理论，通过梳理总结经典文献，得出创新网络领域的主要经典理论如下。

（1）社会交换理论。社会交换理论的核心要义是社会活动均可归结为一种交换[33, 34]，创新网络形成的动机是合作与交流[35]，交换关系是创新网络的建筑砖块[30]，网络中的创新主体进行信息的交换与知识交流、共享、转移等都是一种交换过程，通过这种交换达到创新的目的。社会交换理论从宏观水平上关注社会结构等双边关系的交换过程[30]，并维持着主体间持续、长期和复杂关系的存在[34]，进而驱动创新网络的不断演化与发展。

（2）社会网络理论。大量实证研究表明，社会关系和这些关系构成的网络在解释知识创造、传播、吸收和使用过程中具有影响力[23]；而创新主体间合作网络的形成是知识溢出与共享的过程[36]。依据社会网络理论，创新主体通过网络关系促进互动学习[20]和复杂知识的转移[3]，获取外部信息资源[21]，共同参与新产品的开发与扩散[28]等。同时，网络成员的交互关系能够带来信任[29]、承诺和文化共享[30]，促进网络成员和创新环境之间建立有效的联系[37]，进而帮助企业获取网络资源和有价值的信息[29]。

（3）协同创新理论。协同创新表示创新逐步转向系统化、网络化范式[28]，合作创新趋于普遍化[3]。创新网络的行为主体大多为企业、高校、中介和科研机构等，它们通过创新网络进行协同创新和产学研合作创新[15]。创新要求的增加带来了技术创新难度的加大[28]，规模较小的组织需要寻求外部资源进行合作创新，克服资金短缺、研发能力弱等短板[15]。根据协同创新理论，中心企业在协同创新网络中扮演着重要角色，通过协调网络活动，以确保创造和提取价值，进而保持知识的流动性、营造创新的适宜性和保障网络的稳定性[38]。

3 研究热点演化

3.1 研究热点分析

CiteSpace 的共被引网络聚类分析和关键词的共现频次分析，可以用来对相关领域进行研究热点的追踪，本文基于此对创新网络领域的研究热点进行分析。

第一步，将中英文文献分别导入 CiteSpace，“Node Types”选择“Reference”，论文的标题代表了文献的核心主旨，因此本文在聚类标签生成时选择“Title”，聚类算法选择“LLR”[13]。运行软件共得到 21 个英文聚类和 13 个中文聚类，具体结果如表 3 所示。从表 3 可知，个体异质性、使用信息系统、共享经济、全球创新网络和旅游创新网络是规模最大的 5 个英文聚类，中国城市间创新网络结构、技术创新网络研究、合作创新网络、创新网络空间和知识治理绩效是规模最大的 5 个中文聚类；从这些聚类标签中可以得出，创新网络领域的研究热点一直是围绕网络类型、影响因素和创新主体开展的。

表 3　创新网络领域文献聚类结果

项目	聚类编号	LLR 算法聚类	数量/篇	轮廓分数	平均发表年份
英文文献聚类标签	0	个体异质性	84	0.888	2005
	1	使用信息系统	75	0.854	2011
	2	共享经济	71	0.899	2014
	3	全球创新网络	64	0.917	2011
	4	旅游创新网络	60	0.851	2012
	5	新加坡科学园	40	0.954	1997
	6	知识传播	40	0.968	2014

续表

项目	聚类编号	LLR 算法聚类	数量/篇	轮廓分数	平均发表年份
英文文献聚类标签	7	开放系统协同	40	0.853	2013
	8	动态能力	39	0.872	2008
	9	管理创新	38	0.99	2011
中文文献聚类标签	1	中国城市间创新网络结构	38	0.948	2014
	2	技术创新网络研究	38	0.809	2009
	3	合作创新网络	34	0.903	2014
	4	创新网络空间	30	0.845	2014
	5	知识治理绩效	25	0.946	2010
	6	技术创新网络演化	24	0.924	2012
	7	网络结构	21	0.964	2008
	8	经济地理视角	20	0.926	2010
	9	结构嵌入性	15	0.948	2007
	10	知识演化	14	0.936	2005

注：轮廓分数（silhouette）代表了同聚类中的文献相似度，值越大相似度越高

第二步，关键词代表的是文章的研究焦点，利用 CiteSpace 的关键词共现知识图谱来进一步分析创新网络的研究热点[13]。还是先将文献导入 CiteSpace，“Node Types”选择“Keyword”，其他默认设置，这样可以得到创新网络领域的高频关键词共现知识图谱，可发现现有研究主要聚焦网络类型、创新主体、影响因素、研究方法和创新产出度量五个维度，如图 2 所示。

因此，综上可以得出，关于创新网络的研究热点可以概括为五个维度，一是创新主体维度，主要还是以企业为主体的创新网络体系，具体来看包括核心企业、中小企业、新兴技术企业和中小型科技企业；二是网络类型维度，主要聚焦六类研究对象，即技术创新网络、区域创新网络、企业创新网络、协同创新网络、合作创新网络和集群创新网络，这些类型的创新网络既有内在联系，在作用机理和运行机制方面也有本质区别；三是影响因素维度，可归纳为四个层面，即技术层面、网络层面、能力层面和空间层面，这些因素都会对创新的效果方面产生重要影响，既有正向的也有负向的；四是研究方法维度，学者研究创新网络主要采用系统动力学、演化博弈、仿真技术、演化模型和实证研究的方法；五是创新产出度量维度，学术界主要使用创新绩效和创新能力作为衡量创新产出的重要指标。另外，学术界在开展创新网络领域的研究时，通常会将上述五个维度中的两个或多个结合起来开展研究。

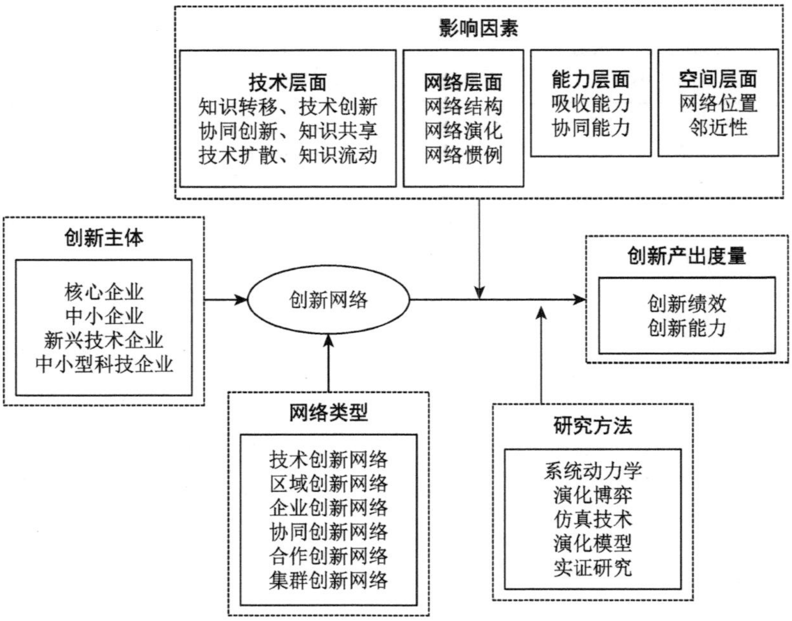

图 2　创新网络领域研究热点

3.2　演化过程分析

创新网络作为创新合作的一种重要组织形式，通过梳理领域内的研究成果可以发现，该领域的研究大致经历了 35 年的历程，随着学术界研究成果的不断丰富，创新网络研究领域呈现出了自身的演化规律。利用 CiteSpace 的“Timezone”和“Citation/Frequency Burst History”两大功能，首先生成关键词共现图谱，得到关键词的年代分布情况；然后再根据引用率最高的突发关键词追踪相关文献，得到时间窗内的研究关注点。据此，本文将创新网络研究的动态演化过程分为三个阶段：初步探索阶段（1986～1999 年）、研究拓展阶段（2000～2010 年）、研究深化阶段（2011～2020 年）。

（1）初步探索阶段（1986～1999 年）：该阶段的文献数量较少，平均每年发表的比较权威的文献数量不到 10 篇，这说明领域内的研究还处在一个萌芽起步和自由探索的时期。国外对创新网络的研究要早于国内，国外学者 Imai 和 Baba[39]早在 1989 年就给出了创新网络的定义，指出创新网络是应付系统性创新的一种基本制度安排；随后到 1991 年，Freeman[40]在 *Research Policy* 上的一篇文章引证并接受了前述两位学者对创新网络的定义，引起了学术界的广泛关注，正式开启了创新网络的研究。国内学者王少杰和姜照华[41]1992 年最早提出来“创新需要更多的人参加”，指出创新是以 REP 系统为基础的网络过程，不同的企业、科研机构和大学是这种创新网络上的结点；但没有明确“创新网络”的概念和内涵。1994 年黄擎明等[42]讨论了企业家技术创新的社会联系网络，把这种网络看作跨行业、部门、企业界限的联系，虽然同样没有明确其概念，但已经在探索具有创新网络属性的组织形式。在该阶段，国内外学者因创新网络概念的提出，而开始探索新的创新模式或组织形式，强调在复杂的技术环境中合作创新与联盟创新的重要性；同时，学者开始探索性地提出了“区域创新系统”和“区域创新网络”的概念。

（2）研究拓展阶段（2000～2010年）：该阶段的文献数量较上一阶段有所上升，占总量的近1/4，且呈现逐年增加的趋势，说明学术界对创新网络的研究关注度开始增加，进入一个不断拓展的阶段。从2000年左右开始，国内外学者对创新网络的研究热点开始趋同，逐步拓展创新网络在区域创新发展、新产品研发、产业发展、技术创新、区域创新系统等方面发挥的作用，特别是从区域的视角开展案例研究，例如，分析我国的北京中关村、台湾新竹以及美国的硅谷等比较有代表性的区域在创新网络构建、组织模式和发展策略等方面的经验做法；该阶段，学者对创新网络的类型也进行了拓展，包括区域创新网络、技术创新网络、企业创新网络、产品创新网络和产业集群创新网络等，同时研究这些创新网络的构建原则、理论基石、形成机制、运行模式、逻辑演进和治理机制等；总体可以概括为从宏观层面来拓展创新网络的研究，强调在区域技术政策、发展战略、机制改革、制度设计等方面应重视创新网络的作用。

（3）研究深化阶段（2011～2020年）：从文献数量上来看，该阶段表现出集中爆发的趋势，约占总文献数量的73%，反映出学术界对创新网络领域研究的重视在该阶段上升到新的高度。除了对前两个阶段的进一步拓展研究外，学者重点关注了三个方面的研究：一是强调创新网络中“知识”元素的重要性，主要聚焦研究创新网络中的知识流动、转移、共享、溢出以及技术扩散等行为特征，构建起了创新网络的“知识行为”理论研究框架。二是从影响机制的视角出发研究各变量与创新绩效的关系，重点深化研究创新网络结构、协同创新、个体特性（同质性、异质性）、嵌入式关系、邻近性、网络惯例等因素对创新产出（创新绩效或创新能力）的影响。三是关注创新网络的动态演化，深入挖掘创新网络演化的动力机制和影响因素，探索演化机理和适应性的演化模式，构建并仿真模拟创新网络的演化模型。除此之外，学者在该阶段还从企业层面深化研究协同创新网络，尤其是企业协同创新网络的结构特征及其对创新绩效的影响机理。

4 未来研究方向与展望

学术界对创新网络的研究成果已经越来越丰富，通过对研究现状、研究热点以及演化过程的分析来看，创新网络的研究仍然有很多继续值得探索的方向。

（1）关于全球创新网络的研究。在全球经济一体化的大背景下，创新已经变成全球产业升级与发展的重要动力，创新网络的发展正在走向全球化演变的趋势，而我国创新主体加入全球创新网络的步伐正在加快并逐步站稳脚跟[43]，未来要在全球产业链中占据重要位置，必须主动融入全球创新网络，寻求更大范围内的合作创新。这同时也给学术界提出了新的要求，探索全球创新网络的结构特征、影响因素、作用机理和演化机制是把握全球创新网络发展趋势，响应国家对“构建国内国际双循环发展格局”号召的重要举措，是未来值得继续研究与探索的重要方向。

（2）创新网络多学科多层次的应用研究。创新网络具有复杂性、动态性和交叉性的特点，过往的研究大多集中于创新绩效、网络结构特征、协同创新、技术创新等领域，涉及的学科多为管理学、经济学、社会学等，多领域、多学科、多层次的研究体系尚未形成。未来需要应用交叉学科的研究方法，探索创新网络在多领域和多层次范围内的应用，延伸创新网络的研究链条，通过产出更加丰富的应用研究成果，总结提炼我国创新发展的国际战略，培育发展未来的相关高端产业。

（3）演化视角下的创新网络研究。我国高质量发展的重要动力是“要素驱动”向“创新驱动”的转变，而创新发展的导向是从“地方空间”向“流动空间”的转变。创新网络作为创新发展的重要载体，需要通过不断的动态演化来适应创新发展的需求。因此，未来的研究需要更加关注创新网络的结构演化、路径演化和机理演化，探讨企业、产业和区域内的实证研究范式，将创新网络的研究上升到“超越集群”的高度，为构建更加复杂的创新生态系统提供理论支撑。

参考文献

[1] 岳振明，赵树宽. 国外创新网络研究回顾与展望[J]. 科技管理研究，2020，40（21）：31-45.

[2] 张忠华，包阳，刘云. 国内创新网络研究的文献计量分析[J]. 现代情报，2013，33（9）：117-122.

[3] 解学梅，左蕾蕾. 企业协同创新网络特征与创新绩效：基于知识吸收能力的中介效应研究[J]. 南开管理评论，2013，16（3）：47-56.

[4] 颜端武，刘秋艳，陈坤. 基于专利计量的电动汽车领域技术创新网络演化研究[J]. 现代情报，2016，36（7）：144-150.

[5] 许秀瑞，田善武，王俊鹏. 全球新能源汽车技术创新合作网络演化分析[J]. 工业技术经济，2020，39（10）：65-73.

[6] 刘兰剑，司春林. 创新网络17年研究文献述评[J]. 研究与发展管理，2009，21（4）：68-77.

[7] 周灿，曾刚，尚勇敏. 演化经济地理学视角下创新网络研究进展与展望[J]. 经济地理，2019，39（5）：27-36.

[8] 刘兰剑，项丽琳. 创新网络研究的演化规律及热点领域可视化分析[J]. 研究与发展管理，2019，31（3）：145-158.

[9] 顾伟男，刘慧，王亮. 国外创新网络演化机制研究[J]. 地理科学进展，2019，38（12）：1977-1990.

[10] 邱均，沈莹，宋艳辉. 近十年国内外管理学研究进展与发展趋势的比较研究[J]. 现代情报，2019，39（2）：17-25.

[11] 李杰，陈超美. CiteSpace：科技文本挖掘及可视化[M]. 北京：首都经济贸易大学出版社，2016.

[12] Chen C M. CiteSpace Ⅱ：detecting and visualizing emerging trends and transient patterns in scientific literature[J]. Journal of the American Society for Information Science and Technology，2006，57（3）：359-377.

[13] 李庆军，万连城，王超，等. 基于文献计量的虚拟学术社区研究：现状、热点与趋势[J]. 情报杂志，2020，39（10）：198-202.

[14] 肖海林，董慈慈. 突破性技术创新研究：现状与展望——基于SSCI和CSSCI期刊的文献计量分析[J]. 经济管理，2020，42（2）：192-208.

[15]解学梅. 中小企业协同创新网络与创新绩效的实证研究[J]. 管理科学学报，2010，13（8）：51-64.
[16]Phelps C C. A longitudinal study of the influence of alliance network structure and composition on firm exploratory innovation[J]. Academy of Management Journal，2010，53（4）：890-913.
[17]Schilling M A，Phelps C C. Interfirm collaboration networks：the impact of large-scale network structure on firm innovation[J]. Management Science，2007，53（7）：1113-1126.
[18]吕国庆，曾刚，顾娜娜. 基于地理邻近与社会邻近的创新网络动态演化分析——以我国装备制造业为例[J]. 中国软科学，2014（5）：97-106.
[19]Broekel T，Boschma R. Knowledge networks in the dutch aviation industry：the proximity paradox[J]. Journal of Economic Geography，2012，12（2）：409-433.
[20]Boschma R A. Proximity and innovation：a critical assessment[J]. Regional Studies，2005，39（1）：61-74.
[21]钱锡红，杨永福，徐万里. 企业网络位置、吸收能力与创新绩效——一个交互效应模型[J]. 管理世界，2010（5）：118-129.
[22]Baum J A C，Cowan R，Jonard N. Network-independent partner selection and the evolution of innovation networks[J]. Management Science，2010，56（11）：2094-2110.
[23]Phelps C，Heidl R，Wadhwa A. Knowledge，networks，and knowledge networks：a review and research agenda[J]. Journal of Management，2012，38（4）：1115-1166.
[24]Lee S，Park G，Yoon B，et al. Open innovation in smes—an intermediated network model[J]. Research Policy，2010，39（2）：290-300.
[25]Balland P，De Vaan M，Boschma R. The dynamics of interfirm networks along the industry life cycle：the case of the global video game industry，1987-2007[J]. Journal of Economic Geography，2013，13（5）：741-765.
[26]Ahuja G，Soda G，Zaheer A. The genesis and dynamics of organizational networks[J]. Organization Science，2012，23（2）：434-448.
[27]陈劲. 协同创新与国家科研能力建设[J]. 科学学研究，2011，29（12）：1762-1763.
[28]刘丹，闫长乐. 协同创新网络结构与机理研究[J]. 管理世界，2013（12）：1-4.
[29]党兴华，孙永磊. 技术创新网络位置对网络惯例的影响研究——以组织间信任为中介变量[J]. 科研管理，2013，34（4）：1-8.
[30]王大洲. 企业创新网络的进化与治理：一个文献综述[J]. 科研管理，2001，22（5）：96-103.
[31]王秋玉，曾刚，吕国庆. 中国装备制造业产学研合作创新网络初探[J]. 地理学报，2016，71（2）：251-264.
[32]Balland P. Proximity and the evolution of collaboration networks：evidence from research and development projects within the global navigation satellite system（GNSS）industry[J]. Regional Studies，2012，46（6）：741-756.
[33]Blau P M. Exchange and Power in Social Life[M]. New York：Wiley，1964.
[34]于贵芳，温珂，方新. 信任水平、合作关系与创新行为：社会交换理论视角下公立科研机构创新行为的影响因素研究[J]. 科学学与科学技术管理，2020，41（2）：78-93.
[35]霍云福，陈新跃，杨德礼，等. 企业创新网络研究[J]. 科学学与科学技术管理，2002，23（10）：50-53.
[36]郭建杰，谢富纪. 企业合作网络位置对创新绩效的影响——以 ICT 产业为例[J]. 系统管理学报，2020，29（6）：

1124-1135.

[37] Klerkx L，Aarts N，Leeuwis C. Adaptive management in agricultural innovation systems：the interactions between innovation networks and their environment[J]. Agricultural Systems，2010，103（6）：390-400.

[38] Dhanaraj C，Parkhe A. Orchestrating innovation networks[J]. Academy of Management Review，2006，31（3）：659-669.

[39] Imai K，Baba Y. Systemic innovation and cross-border networks：transcending markets and hierarchies to create a new techno-economic system[R]//Conference on Science，Technology and Economic Growth，1989.

[40] Freeman C. Networks of Innovators：a synthesis of Research Issues[J]. Research Policy，1991，20（5）：499-514.

[41] 王少杰，姜照华. 基于 REP 系统的创新网络——中日美的比较[J]. 科学学与科学技术管理，1992，13（1）：26-29.

[42] 黄擎明，蔡宁，陈军. 论企业家技术创新的社会联系网络[J]. 科技管理研究，1994，14（3）：46-48.

[43] 熊焰，孙红军，周钟. 全球创新网络的多重嵌套与企业动态学习能力的协同演进——基于系统动力学的仿真研究[J]. 科技管理研究，2020，40（17）：210-219.

Research on Status, Hotspot and Trend of Innovation Network

Li Qingjun[1, 2]，Guo Xiaoxia[3]，Wang Chao[4]

（1. School of Economics and Management，Weifang University，Weifang 261061，China；
2. Postdoctoral Research Workstation，Bank of Weifang Co.，Ltd.，Weifang 261041，China；
3. Media and Communication College of Weifang University，Weifang 261061，China；
4. Shandong Academy of Sciences，Ji'nan 250014，China）

Abstract: This paper reveals the research status, hotspots, evolution rules and future research directions of the research on innovation network. Using bibliometric methods and visualization software，it analyzes and summarizes the status, knowledge base, hotspots, evolution rules and future directions in the research field of innovation network by searching two authoritative databases at home and abroad. It is found as follows：the field of innovation network has made theoretical contributions in concept，innovation performance，formation mechanism，action mechanism and dynamic evolution; the classical theories include social exchange theory，social network theory and collaborative innovation theory；the research focuses on five dimensions，namely innovation subject，network type，influencing factors，research methods and innovation output measurement；the future directions include the research on global innovation network，multi-science and multi-level application research of innovation network, and the research on innovation network from the perspective of evolution.

Keywords: innovation network；research hotspot；literature bibliometric；evolutionary analysis

自我领导对科研人员创新性即兴行为的作用机制
——工作自主性和授权型领导的调节作用*

丁道韧[1]，陈万明[2]

（1. 福建工程学院 管理学院，福州 350118；2. 南京航空航天大学 经济管理学院，南京 210016）

摘要：在组织即兴理论的基础上，构建了以工作自主性、授权型领导为调节变量的自我领导对科研人员个体即兴行为影响的概念模型。利用实证调研数据，运用回归分析法对概念模型进行了检验。结果表明：自我领导对科研人员个体即兴具有显著的正向影响；工作自主性和授权型领导在自我领导与个体即兴之间起正向调节作用；工作自主性与授权型领导的交互在自我领导与科研人员个体即兴之间起正向调节作用。最后提出了相关的管理启示。

关键词：自我领导；工作自主性；授权型领导；即兴行为

中图分类号：F224　　文献标识码：A

1　文献回顾

技术更新日新月异，经济环境瞬息万变，企业面临的竞争环境日益复杂多变，面临的挑战愈发增多，企业生存发展的压力越来越大。因此，不断创新、有效变革、及时响应成为企业可持续发展的关键。学者逐渐意识到传统组织中的计划、控制、秩序对于应对当下复杂多变的环境的局限性，从而提出了有效应对突变性、控制和计划的局限性的组织即兴理论[1]。直到 20 世纪 90 年代组织即兴的相关理论才被学界所重视和关注。以 Weick 为代表的学者认为即兴理论能够帮助人们解除传统科层组织理论对人们思维的束缚，使个人和组织能够因时而化，积极主动地做出应急反应和行动，从而出色地完成组织目标，减少对资源和机会的浪费，取得比预先计划更好的绩效[2]。目前关于即兴理论的研究，学者主要关注的是有关组织即兴方面的研究，

---

* 基金项目：福建工程学院科研启动基金项目“高新技术企业研发人员即兴行为的开发及创新绩效提升”（GY-Z20009）。

作者简介：丁道韧（1970—），男，湖北麻城人，管理学博士，福建工程学院管理学院副教授，研究方向为人力资源管理与创新管理；陈万明（1956—），男，江苏南京人，管理学博士，博士研究生导师，南京航空航天大学经济管理学院教授，研究方向为创新管理。

一方面是研究各种前因变量（如组织学习[3]、组织领导[4]等）对组织即兴的影响；另一方面是研究组织即兴对各种结果变量（如组织绩效[5]、组织创新[6]、组织战略[7]等）的影响。可见，目前关于组织即兴的研究已相对成熟。经过对相关文献的检索，关于个体即兴的研究则相对不足。企业的即兴行为需要员工的即兴能力提供支持，组织即兴行为无疑是个体即兴行为的集中表现，个体即兴行为能帮助企业在超竞争环境下即兴响应环境的变化[8, 9]。个体即兴能力的重要性虽然得以明确，但如何有效提升个体即兴能力一直困扰着理论界和实践界。

有关个体即兴的研究主要遵循了组织即兴的研究思路，或是就前因条件如组织环境（创业型领导[10]、授权型领导[11]、变革型领导[12, 13]）对个体即兴行为的影响的研究，或是就个体即兴对结果变量（如个体创新绩效）的影响进行了研究。前述研究一致认为组织中创业型、授权型、变革型领导行为对个体即兴行为有着直接正向影响。本文研究认为领导行为对个体即兴行为并不一定能够直接产生正向作用，因为个体内部动机决定着行为。领导方式等外部刺激能否对个体即兴行为产生作用，关键取决于个体当时的心理动机。由自我决定理论可知，个体动机的内化程度越高越容易表现出主动性、创造性、坚持性行为[14]。本文研究认为具有自我领导特质的个体的动机的内化性程度较高，更容易表现出即兴行为。另外，个体即兴行为是一种因工作情境变化所产生的即时反应行为，所以即兴行为与工作情境及个体对工作行为的可控性密切相关，在一个组织高度控制的工作环境中，即兴行为是很难发生的。因此，自我领导的心理特质及高度自控的工作情境可能是触发个体即兴行为的两个重要内外条件。本文将自我领导的个体心理特质作为个体即兴行为的前置因素来研究，为探求个体即兴行为的触发机制提供了一个新的视角。这可能是本文在理论上的新拓展。

为了研究的便利，本文将选取东南地区高新技术企业为研究样本，构建了自我领导、工作自主性、授权型领导与个体即兴之间关系的概念模型，在模型中以授权型领导、工作自主性为调节变量，分析自我领导对个体即兴行为的作用关系。试图从自我领导的角度来深入探讨个体即兴行为触发的内在机制。最后，在研究结论的基础上提出有效激发员工的即兴行为的实践建议，以为企业管理人员提供对策参考。

2 研究基础与理论假设

2.1 自我领导与科研人员个体即兴的关系

根据 Neck 和 Manz[15]的研究，自我领导是个体为了实现一定的目标，通过一定的自我激励、自我指导、自我管理并影响自我行动的过程。目前学界一般将自我领导分为关注行为战略、自我报酬战略、积极思维战略三个维度。其中，关注行为战略是通过自我暗示、自我鼓励、自我观察、自我处罚来提升自我意识的一系列的特殊行为，是通过正面的自我意识来引导自己进行积极行为。自我报酬战略是指个体对工作和任务中特殊的积极方面和愉悦因素进行关注，并提高个人满足感的行为过程。积极思维战略是指个体对目标的一种积极的思维模式和正面的意识信念。

有关即兴的内涵，可以从即兴（improvision）的英文词源“proviso”得到理解，proviso 的基本含义是事先规定、计划内的事和物，而 improvision 则表示计划规定之外或超出人们预计所发生的事和物。即兴行为的理论和应用在音乐及表演界早已获得人们的共识并在实践中得到广泛应用。Weick[16]创造性地将即兴概念迁移到组织管理理论，开启了学界对组织行为研究的一个新视角，学界普遍认为即兴行为是一种反常规性行为，是一种应对复杂多变环境时的非计划、非常规性的应变行为。随后，Moorman 和 Miner[17]对即兴概念的内涵进行了进一步阐释，认为即兴行为是员工在应对急速或突然变化的外界环境时，在没有事先应对措施及计划方案情境下，员工根据现场情境和自身条件，即时采取有效的应变措施解决复杂问题的行为。Cunha 等[18]认为个体即兴是个体遇到未曾预料的特殊的工作情境，自发地凭借直觉处理意外事件的一种行动。Seham[19]进一步研究认为即兴是个体对突变环境的“立即反应”，是有意识地创造性地解决例外工作情境的即时应变行为。Vera 和 Crossan[20]的研究结论认为，即兴行为是个人在对待突发的、例外的工作情境时，主动、积极、创造性地寻求解决问题的新思路与新方法的行为。因此，本文研究中所指创新性即兴行为特指科研人员在科研创新活动中，在动态的组织环境中，突破原有规则，利用现有资源，充分发挥个人自主性和创造性，解决意外突发的技术及管理问题的能力和行为。后文为方便起见，将创新性即兴行为简称为个体即兴或个体即兴行为。

对于自我领导与个体即兴的关系，Bergh 和 Lim[21]的研究认为，个体即兴行为与其工作中的积极心理状态密切相关。主动积极的心理是个体产生即兴行为的前提条件。陶建宏等[22]的研究认为，一个具有自我领导特质的个体，由于具备自我激励和积极主动的心理，在工作中更能打破常规，表现出积极主动的创新性行为。这些研究者普遍认同个体积极主动的心态对产生即兴行为具有积极的影响。拥有自我领导思维和能力的人能够进行有效的自我激励并能够积极主动地思考。通过积极思维战略来设定远期目标，并确认自己需要改变的行为的目的，从而不断地进行自我分析和自我调节，这种调节和分析能使个体保持一种良好的积极心态并能使自己对个人需要及未来的预期有一个正确的定位。良好的积极的心态是个体在面对复杂情况进行即兴行为的心理保障，只有具备积极良好心态的个体才有可能不拘一格做出超常规的即兴行为。关注行为战略是指个体能够实时根据自我评价及定位来调整自己的行为方式和策略[23]。它能有效地保证个体在行动中的有效性和对自我能力的信心和正确认识，正确的自我评价和能力自信是激发个体做出即兴行为的动力。自我报酬战略是自己对有效的正确行为和思想的自我奖励或自我暗示，它是一种自我奖励行为或自我激励心理，以提高个人对自我需要的满足感。而自我报酬战略能有效地提高自我需要的满足感，从而提高个体即兴行为发生的频率。因为某种行为越是得到奖赏，该行为再次发生的概率越高。所以，一个强大的自我领导者，必然是一个积极思维与自我激励的人，在面对非计划性复杂问题时，能突破常规思维，寻找创新性方案，从而做出非常规的即兴行为。由此提出如下假设。

H1：自我领导对个体即兴行为具有正向作用。

2.2 工作自主性的调节作用

关于工作自主性的概念，Breaugh[24]认为，工作自主性就是员工对工作的方法、程序和标准能够进行自主决定和自行控制的程度。Hackman 和 Wageman[25]认为个体的工作自主性会影响其心理与工作行为。工作自主性显示个体能够独立、自由处置工作程序、工作方法的程度，它与个体在工作过程中的灵活性及自由性紧密相关[26]。本文关于工作自主性概念采用 Breaugh 的定义。

具有自我领导的个体，在工作中会对自己提出更高的要求，善于自我激励，希望在工作中表现更出色，并更好地完成工作目标[27]。此时，如果工作设计给予具有自我领导的个体一定的工作自主权，个体在工作中就享有更大的自由度及对工作的独立处置权。个体在工作中就会更好地发挥个人主观能动性，灵活地应对工作中各种情境，表现出在工作中的即兴行为。反之，如果组织的工作设计中给予个人较少的工作自主权，那么个人在工作中就会比较被动，即使具有较强自我领导的个体，在工作中没有对工作的自由的、独立的处置权，其在工作中很难发挥个人主观能动性，也很难表现出积极的个体即兴行为。因此，提出如下假设。

H2：工作自主性在自我领导与个体即兴之间的关系中具有正向调节作用。

2.3 授权型领导的调节作用

对于授权型领导的概念与内涵，学者主要从情境授权与心理授权两个维度来理解。Arnold 等[28]认为“情境授权视角”下的授权型领导是指领导在实际工作中对下属的放权、授权行为，是通过权力的下放等行为来提升员工的工作绩效，实际工作中的授权行为包括共享信息与知识、身体力行、参与式决策、行动及思想教导、人文关怀和技能培养等。Ahearne 等[29]的研究认为，“心理授权视角”下的授权型领导是强调领导对下属心理上的减压与赋权，诸如阐释工作愿景及意义、激发工作信心、价值认同、知识共享、减少约束。近年来对授权型领导的定义表现为两种视角融合的趋势。Srivastava 等[30]对授权型领导的内涵界定为：在一定程度上共享权力的同时向员工解释工作意义、授予较大工作自主权、对员工能力信任、辅助员工提升绩效等。

早期的有关领导理论的研究者如 Houghton 和 Neck[31]认为，自我领导是授权型领导发展的一个阶段和形式，自我领导是员工通过自我指导和自我激励而对自己的行为和思想施加影响，并在一定程度上对组织领导替代的一种管理模式。由此，可以推知，领导的授权行为与员工的自我领导意识具有一定的直接影响关系，而领导对员工授权与否并不直接影响员工的即兴行为，因为员工的即兴行为主要受其个体的心理素质和个性特质的影响。因此，在组织领导的授权程度越高的组织中，员工的自我领导意识会增强，员工的自主权越大，自主意识会随之增强。自主意识强的员工在工作中发生即兴行为的潜意识会更强。反之，如果组织中领导授权程度较低（领导比较集权），则由于层级节制的影响或出于服从意识，员工的自我领导意识会自动收敛，在工作中的服从意识会增强，完成规定任务的意识会增强。自主权会被削弱，自主意识会降低，在工作中的即兴行为会减少，因此，提出如下假设。

H3：授权型领导在自我领导与个体即兴之间的关系中起正向调节作用。

2.4 授权型领导、工作自主性交互对自我领导与个体即兴关系的调节作用

Spreitzer[32]认为，授权的内涵应不限于管理层级上被动的含义，授权的程度应包括授权对象对授权的感知与接受。授权应内含授权对象对工作自主性、工作影响力、自我效能、工作价值的感知与认同。他认为真正的授权型领导不仅仅是管理层级上的权力下放，更是对下属的一种“赋能”与激励过程。因此，在一个领导充分授权的组织中，其对个体的工作设计更为宽松，领导会让员工在工作中有更多的工作自主性和工作自由度，所以授权型领导对工作自主性有着积极的推动作用。工作自主性使员工在工作中更好地展现个人能力和主动性，从而有利于增强领导对员工的信任感，促进领导对员工在工作中进行授权。员工在工作中对工作方法、工作流程表现的胜任力越强，领导对授权的心理安全感越强，所以工作自主性会有利于领导进行授权。

根据前述关于授权型领导与工作自主性之间相互关系的研究结论，可以推知，二者的交互作用关系可能对自我领导与个体即兴之间的关系起调节作用。在领导授权和工作自主性程度都比较高时，领导的授权会让员工的心理得到有效激活，员工的自我领导能力得到有效激发，有效授权会使员工自主能力和自主权得到有效释放，从而有利于员工在特定情境下产生即兴行为。反之，在一个领导高度控权、工作自主性较低的组织中，员工的主动性、积极性也会受到约束，员工个体的自我领导能力和意识会大大下降，其自信心、自我效能感会下降，其对领导的依存感和无权力感会上升，其在工作中的自主性也会随之下降，最后，导致其在工作中产生即兴行为的可能性也会大大下降。因此，提出如下假设。

H4：授权型领导及工作自主性的交互在自我领导与个体即兴之间的关系中起正向调节作用。

综上，本文以工作自主性及授权型领导为调节变量，构建了自我领导与个体即兴行为之间关系的理论模型（图 1），来探求企业员工自我领导对其工作中即兴行为的影响机制。

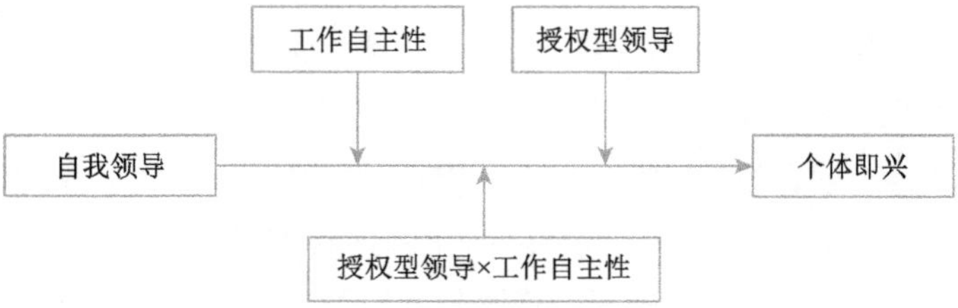

图 1　本文的理论模型

3 研究设计

3.1 变量测量与问卷设计

各变量的测量量表的设计均参考和借鉴了国内外有代表性的相关文献进行设计，同时根据

个体即兴、工作自主性、自我领导、授权型领导这些关键变量的内涵进行微调，并根据前期试调研过程中实地反馈意见进行反复修改，最后确定最终的问卷量表。以下除控制变量外，其他变量量表的测量均采用利克特5点量表。

（1）因变量。个体即兴（YGJX）的量表的制定主要参考了Pavlou和Sawy[33]的量表，该量表主要由自发性、即时性、创造性3个维度的9个题项所构成。主要题项包括："我在工作中能及时发现新问题；我能迅速有效地灵活解决突发问题；我能及时调动现有资源处理突发问题"等。

（2）调节变量。对于工作自主性（GZZZ）的测量主要采用了Kirmeyer和Shirom[34]编制的工作自主性问卷，包括"我能自由决定工作的进度；我能自主地决定工作方法；根据相关规定自主地制定工作标准"等7个题项。

授权型领导（SQLD）的量表题项主要参考了Konczak等[35]所开发的量表，并根据前期调研过程中的实际情况进行了必要的调整。量表题项主要用于反映和测量员工感知的领导授权的程度。该量表由"提升员工决策参与度；赋予员工自治；鼓励团队合作"等共17个题项组成。

（3）自变量。自我领导（ZWLD）根据Houghton和Neck[31]开发的量表进行测量，该量表包括"能设想自我在工作中成功的表现；能清晰地设置个人工作目标"等13个题项。

（4）控制变量。本文主要选取员工年龄（YGNL）、员工性别（YGXB）、员工工龄（YGGL）作为控制变量。

3.2 样本选取与数据收集

本文主要采取调查问卷的方式收集数据，调研工作一共历时6个多月，从2020年6月开始，到2020年12月才完成。在高新技术企业及新兴产业企业中，其对个体即兴行为及创新的要求更高，所以本次在选择调查样本时主要选择东南地区高新技术企业。这些企业主要从事信息技术及应用、高端制造、数据开发、生物医药、智能制造等新技术产业。所选样本企业应具备技术研发及新产品开发能力。本文从以上行业中建立联系的企业中选取50家代表性企业进行调查。问卷的发放主要采用实地调查发放和网络平台发放两种形式结合。本次通过线上和线下共发放问卷400份，最后回收370份，在问卷回收后，对问卷数据进行认真比对，将数据雷同及数据明显失真的问卷删除，最后共有有效问卷320份，有效问卷回收率为80.0%。最终将所有有效样本的基本信息运用统计软件进行了简单的描述性统计分析，其结果如表1所示。

表1 样本的基本信息

变量	类别	频数	占比
企业规模	50～100人	21	42.0%
	101～199人	20	40.0%
	≥200人	9	18.0%

续表

变量	类别	频数	占比
员工性别	男	181	56.6%
	女	139	43.4%
员工年龄	35 岁以下	91	28.4%
	35～50 岁	200	62.5%
	50 岁以上	29	9.1%
员工工龄	2 年及以下	23	7.2%
	2～5（含）年	69	21.6%
	5～10（含）年	168	52.5%
	10 年以上	60	18.8%
员工学历	专科及以下	59	18.4%
	本科	172	53.8%
	研究生	89	27.8%
岗位性质	技术	158	49.4%
	销售	61	19.1%
	生产	73	22.8%
	其他	28	8.8%

注：$N=320$

在调查样本中中青年（35～50 岁）和高学历者（本科及以上）占大多数，由于他们在企业中主要从事技术性工作，因此，他们的岗位决定了他们是企业创新的主要参与者。这也正符合本文研究的研究目的。由于每份问卷包含了自变量及因变量的所有测量题项，所以被试者在测试过程中，其测试结果可能存在同源偏差问题。本文研究采用常用的 Harman 单因子分析来测试问卷的同源偏差问题，将四个量表的所有题项运用调研数据来做探索性因子分析，结果 KMO 值为 0.906；在因子分析过程中，限定抽取一个因子，未旋转因子结果显示，该因子解释了总变异的 23.9%，并未占到总解释的 50%，说明同源偏差问题不会对测量结果的可靠性产生根本影响。

3.3 信度与效度检验

由于各变量的量表中测量题项直接决定了变量测量结果的可信度及有效性。因此，在研究过程中一方面借鉴了国内外相关变量测量的成熟量表，运用测量量表进行模拟测试，根据测试过程中相关人员的反映，对测量量表和相应条目进行适当修改，同时在问卷调查及收集数据过程中，与相关人员不断进行交流和深度访谈，听取他们的意见，在此基础上对量表的题项内容的表达方式进行了必要的调整，以保证量表的内容效度。

为了检验各变量测量量表的信度，本文拟采用 Cronbach's α 系数来检测各变量量表的内部一致性，经检测各变量的量表的内部一致性 Cronbach's α 系数分别为 0.883、0.765、0.813、0.869，表明各变量测量量表的信度较好。为了检验各变量之间的区分效度，本文分别构建了 4 因子、3 因子、2 因子、1 因子模型，并采用 AMOS 17.0 对各理论模型进行验证性因子分析，同时检验各理论模型的拟合优度，从最终结果可以看出，4 因子模型对数据的拟合效果最佳（χ^2/df = 1.839，NFI = 0.904，TLI = 0.933，CFI = 0.937，RFI = 0.921，IFI = 0.906，RMSEA = 0.069）①，说明 4 个主要变量量表的测量参数均达到理想水平，4 因子模型具有较好的区分效度。

4 数据分析与结果

4.1 变量的描述性统计分析

运用 SPSS 软件对变量的相关性及描述性统计进行运算，其结果如表 2 所示：在相关分析中，自我领导与个体即兴的相关系数为 0.396（$p<0.01$），说明自我领导与个体即兴正相关；自我领导与工作自主性的相关系数是 0.328（$p<0.01$），说明自我领导与工作自主性正相关；工作自主性与个体即兴的相关系数为 0.439（$p<0.01$），说明工作自主性与个体即兴正相关；自我领导与授权型领导的相关系数为 0.326（$p<0.01$），说明自我领导与授权型领导正相关；工作自主性与授权型领导的相关系数为 0.537（$p<0.01$），说明工作自主性与授权型领导正相关；授权型领导与个体即兴的相关系数为 0.461（$p<0.05$），说明授权型领导与个体即兴正相关。相关分析结果为前面的研究假设提供了初步的证据。

表 2 主要变量的描述性统计分析结果

变量	M	SD	1	2	3	4	5	6	7	8
1. 员工性别	0.510	0.216	1							
2. 员工年龄	1.380	0.313	0.031	1						
3. 员工学历	2.371	0.429	0.138	0.026	1					
4. 员工工龄	3.813	0.632	0.325	0.031	−0.023	1				
5. 自我领导	3.754	0.624	0.038	0.149	0.216	0.021	1			
6. 工作自主性	3.692	0.584	0.134*	0.017	0.245	0.016	0.328**	1		
7. 个体即兴	3.862	0.516	0.069	0.102*	0.031	0.027	0.396**	0.439**	1	
8. 授权型领导	3.781	0.732	0.196	0.084	0.041	0.031	0.326**	0.537**	0.461*	1

注：N = 320。员工性别：1 表示女；2 表示男。员工年龄：1 表示 35 岁以下；2 表示 35～50 岁；3 表示 50 岁以上。员工学历：1 表示专科及以下；2 表示本科；3 表示研究生。员工工龄：1 表示 2 年及以下；2 表示 3～5 年；3 表示 6～10 年；4 表示 10 年以上

**、*分别表示 $p<0.01$、$p<0.05$

① NFI 即 normative fit index，规范拟合指数；TLI 即 Tucker-Lewis index，塔克-刘易斯指数；CFI 即 comparative fit index，比较适配指标；RFI 即 relative fit index，相对拟合指标；IFI 即 incremental fit index，成长适配指标；RMSEA 即 root mean square error of approximation，近似均方根误差。

4.2 研究假设的层次回归结果分析

4.2.1 直接效应的回归结果

表 3 中的模型 2 利用回归分析法及调研数据检验了自变量自我领导对个体即兴行为的作用关系，在回归分析过程中，先将控制变量、因变量引入回归方程中（见模型 1），由结果可知，控制变量对因变量的影响较小，可以忽略不计。因此，可以通过模型 2 来检验自我领导对个体即兴的作用关系。在模型 2 中 VIF（variance inflation factor，方差膨胀因子）值小于 3，D-W 值接近 2，说明多重共线性和自相关并不会对回归结果造成根本影响。自我领导对个体即兴具有正向作用，其作用系数为 0.329（$p<0.01$）。由此 H1 得到支持，模型 2 说明自我领导对个体即兴具有正向作用。

表 3 自变量、调节变量与因变量之间的层次回归分析结果

变量	个体即兴行为				
	模型 1	模型 2	模型 3	模型 4	模型 5
员工年龄	0.053	0.068	0.137	0.017	0.038*
员工性别	0.012	0.051	0.069	0.035	0.047*
员工工龄	0.023	0.037	0.073	0.179*	0.046*
员工学历	0.087	0.061	0.214	0.269*	0.238*
自我领导		0.329**	0.512*	0.543*	0.527*
工作自主性			0.436*		0.487*
授权型领导				0.496*	0.526*
工作自主性×自我领导			0.401**		
授权型领导×自我领导				0.427**	
工作自主性×授权型领导×自我领导					0.432**
F（P）	3.246	26.372**	31.237**	39.125**	39.683**
VIF	1.367<10	2.853<10	2.887<10	2.891<10	2.776<10
R^2	0.053	0.457	0.478	0.483	0.485
ΔR^2	0.053	0.404**	0.021**	0.026**	0.028**

注：$N=320$

**、*分别表示 $p<0.01$、$p<0.05$

4.2.2 调节效应的回归结果

在回归分析过程中，为了降低多重共线性的问题，本文采用了通用手法对变量值进行中心化处理，然后再进行回归分析。在模型 3 中，在模型 2 的基础上将工作自主性及工作自主性与自我领导的交互项同时代入回归方程中，结果显示，工作自主性与自我领导的乘积项的系数显著为正（0.401，$p<0.01$），同时模型 3 的 $R^2=0.478$，比模型 2 的 R^2 显著增加了 0.021（$p<0.01$）。因此，工作自主性在自我领导与个体即兴之间的关系中起正向调节作用。

同理，在模型 4 中，在模型 2 的基础上，将中心化后的变量授权型领导及授权型领导与自我领导的交互项代入回归方程中。结果显示，授权型领导与自我领导乘积项的系数显著为正（0.427，$p<0.01$），同时，模型 4 的 $R^2=0.483$，比模型 2 的 R^2 显著增加了 0.026（$p<0.01$），说明授权型领导在自我领导与个体即兴之间关系中起正向调节作用。

再同理，在模型 5 中，在模型 2 的基础上，将中心化后的调节变量工作自主性、授权型领导及工作自主性、授权型领导、自我领导三项的交互项同时代入回归方程中。结果显示，工作自主性、授权型领导、自我领导三者的乘积项的系数显著为正（0.432，$p<0.01$），同时，模型 5 的 $R^2=0.485$，比模型 2 的 R^2 显著增加了 0.028（$p<0.01$），说明工作自主性与授权型领导的交互在自我领导与个体即兴之间关系中起正向调节作用。

上述调节作用的回归分析过程中，模型 3、模型 4 和模型 5 的 VIF 值均小于 3，D-W 值接近 2，说明多重共线性和自相关并不严重，并不会影响模型的回归结果。由调节效应的回归结果可知，H2、H3 和 H4 得到了验证。

4.2.3 调节变量的调节效应图

为了更直观地观察本文研究中调节变量的调节效应，本文绘出了相应的调节效应图（图 2～图 4）。

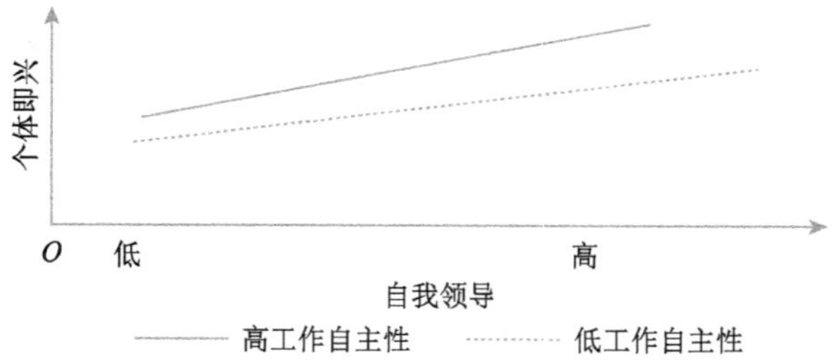

图 2 工作自主性调节作用下自我领导对个体即兴行为的影响

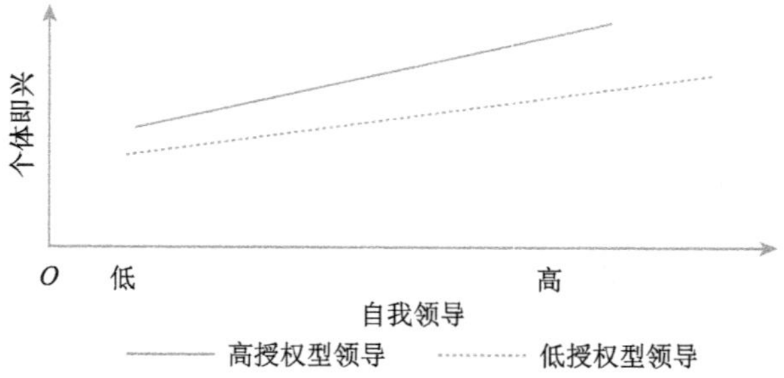

图 3 授权型领导调节作用下自我领导对个体即兴行为的影响

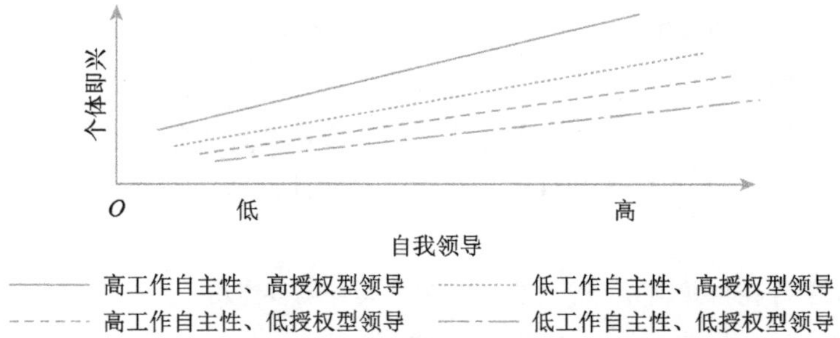

图 4　工作自主性与授权型领导交互调节下自我领导对个体即兴行为的影响

由图 2 可知，员工个体在工作中，相对于低工作自主性，高工作自主性下自我领导对个体即兴的正向作用更强。由此进一步说明工作自主性对自我领导与员工个体即兴行为之间的关系起着正向调节作用。

由图 3 可知，高授权型领导情境相对于低授权型领导情境下，员工个体自我领导对个体即兴行为的影响更强。由此说明，授权型领导在自我领导与个体即兴行为之间关系中起正向调节作用。

由图 4 可知，在 4 种情况下，工作自主性与授权型领导的交互作用均对自我领导与个体即兴行为之间的关系起正向调节作用。相比而言，高工作自主性和高授权型领导情境下，二者的交互对自我领导与个体即兴行为之间的关系的正向调节作用最强。

5　研究结论与启示

5.1　研究结论与讨论

本文研究的主要目的在于探明自我领导作用于个体即兴行为的内在机理，通过以上实证研究得出如下研究结论。

一是自我领导对个体即兴行为具有正向影响。这说明员工通过自我激励、自我指导、自我管理能有效地激发工作中的主动性和积极性，进而有效地促进其即兴行为的发生。这一结论是对 Magni 等[36]的研究的较好补充，该研究认为个体即兴主要与个体的能力、才智有关。而本文认为个体的心理特质，特别是像自我领导之类的积极的心理特质对个体即兴行为的发生有着较为直接的影响。Yanow[37]认为个体即兴行为的发生需要技能与经验的准备，本文认为个体即兴行为的发生更需要积极的心理准备和相关训练。这是本文研究的理论贡献之一。

二是工作自主性正向调节了自我领导与个体即兴行为之间的关系。这说明个体在工作中的工作自主性越强，个体内在的积极心理会得到更好的激发，个体的自我领导能力越强，其在工作中自我实现的需要越强烈，这种强烈的内心需要会推动个体在工作中即兴行为的产生。Vera 和 Crossan[38]的研究认为组织的实验文化对个体的即兴行为有正向效应。组织中的实验文化要求给予个体更多的实验机会和实验体验，这就要求管理者提供给个体更多的工作自主性。工作自主性和实验文化、实验体验是相辅相成的，本文研究在前述理论基础上，对个体即兴行为的管理实践进行了应用上的拓展，人力资源管理部门在进行工作设计时，有针对性地增强工作岗位上任务的灵活性、挑战性、自主性，可以有效地激发个体工作中的即兴行为。

三是授权型领导在自我领导与个体即兴行为之间的调节作用。授权型领导能强化自我领导对个体即兴行为的正向影响。这说明在富有开放精神和善于授权的领导情境下，员工的自我领导能力能得到有效提高，其自我效能感也能大大提升，从而有利于激发员工的即兴行为。Cunha等[18]的研究认为，即兴性领导风格对组织中个体即兴行为具有正向效应。在其研究结论中，即兴性领导风格要求在既定程序和规则下允许给予组织中个体一定的自我决策权限。这与授权型领导风格相一致，可以说授权型领导是即兴领导的一种具体表现形式和应用。

四是工作自主性与授权型领导的 4 种不同情境下的交互作用均对自我领导与个体即兴之间的关系起着正向的调节作用，其中高工作自主性和高授权型领导情境下，调节作用最强。工作自主性为个体即兴提供了实践机会，授权型领导为个体即兴提供了组织支持。两者的交互能够有效地调节自我领导与个体即兴行为之间的关系，并促进个体即兴行为的发生。

5.2 研究启示

基于本文研究的实证结论，特提出针对企业个体即兴行为的管理实践的相关策略和建议。

首先，管理者在平时管理工作中要注重培养员工的自我领导意识、提升员工的自我领导能力。一方面，管理者要从思想上帮助员工认识到自我领导意识的重要性，结合组织发展战略，帮助员工制定个人发展战略和学习目标；另一方面，管理者要在组织内部营造良好的组织氛围，鼓励员工进行自我领导和自我管理，同时让员工参与力所能及的规划与管理，适当变科层控制式管理为扁平式管理，以提高员工自我领导的激情。

其次，作为新生代员工其自我意识、自主意识更强，因此，管理者在实际管理工作中要有针对性地对新生代员工赋予更多的工作自主权。在组织的工作设计中，对工作程序和工作方法、工作标准要适当地给予员工一定的自主决策权限，同时在绩效考核及薪酬管理中应保持一定的灵活性，在结果层面对员工的即兴行为给予有效的激励。

最后，要改善管理者的领导方式，实施授权式领导、参与式管理。要有效地激发员工的即兴行为，作为领导者应树立权变思想，注重领导方式的灵活应变；并注重塑造宽松的组织氛围、良好的组织文化。一方面，授权型领导应打破组织层级、服从、命令式链条，要打破传统的官僚集权式领导方式，在组织管理过程中，主动营造灵活、开放的组织氛围，树立治理理念和思维，适时、适当授权，鼓励员工参与管理。另一方面，领导者在管理过程中，要树立服务意识。领导即服务[39]。领导者在管理过程中除了赋权、赋能外，还要在工作中增强服务意识，做到立人达人；要树立同理心，尊重员工个性化差异，认同其多样化价值观，鼓励员工在工作中的即兴行为，包容其建设性越轨行为。

5.3 研究不足与展望

本文通过实证方法探讨了自我领导对个体即兴行为的影响机制，但依然存在一定的研究局限和可供进一步研究的空间。一是本文研究所取样本主要通过同学、同事等熟人渠道获得，非完全的随机抽样，因此，研究结论的外部效度有待进一步检验和拓展；二是本文研究中，将自我领导作为个体即兴行为的前因变量，而影响个体即兴行为的除了自我领导因素之外，其他的个体心理因素如何影响即兴行为也是一个值得探讨的方向；三是运用案例研究法来研究个体即兴行为也不失为一个可取的研究选择。

参考文献

[1] Jambekar B A，Pelc I K. Improvisation model for team performance enhancement in a manufacturing environment[J]. Team Performance Management，2007，13（7/8）：259-274.

[2] Weick K E. Improvisation as a mindset for organizational analysis[J]. Organization Science，1998，9（5）：543-555.

[3] 王军，曹光明，汪若尘. 组织即兴的形成机制研究：基于社会网络和组织学习理论[J]. 外国经济与管理，2016，38（2）：33-48.

[4] 何辉，肖慧芹. 天生具备，还是后天培养？——组织中的即兴能力开发[J]. 清华管理评论，2017，57（12）：48-55.

[5] 程松松，董保宝，杨红，等. 组织即兴、资源整合与新创企业绩效[J]. 南方经济，2019，354（3）：54-70.

[6] 郭秋云，李南，菅利荣. 组织忘却情景、即兴能力与突破性创新[J]. 中国科技论坛，2017，252（4）：55-61.

[7] 于思远，张阳，唐震，等. 为了全局"随机应变"：战略性即兴行为与竞争优势形成机制[J]. 外国经济与管理，2018，40（3）：20-33.

[8] Magni M，Proserpio L，Hoegl M，et al. The role of team behavioral integration and cohesion in shaping individual improvisation[J]. Research Policy，2009，38（6）：1044-1053.

[9] 黄勇，彭纪生. 组织即兴现状与展望[J]. 管理学报，2012，9（7）：1084-1091.

[10] 王影，苏涛永. 创业型领导对员工即兴的影响机制研究[J]. 软科学，2019，33（11）：69-74.

[11] 张弛. 授权型领导对员工即兴行为的影响研究——一个有调节的双中介模型[D]. 杭州：浙江工商大学，2020.

[12] 李海东. 变革型领导对个体即兴发挥行为的影响研究——以心理资本为中介变量[J]. 中央财经大学学报，2013，（9）：78-84.

[13] 张玉叶. 变革型领导对员工个人即兴行为的影响机制研究[D]. 长春：东北师范大学，2015.

[14] Deci E L，Olafsen A H，Ryan R M. Self-determination theory in work organizations：the state of a science[J]. Annual Review of Organizational Psychology and Organizational Behavior，2017，4：19-43.

[15] Neck C P，Manz C C. Mastering self-leadership：empowering yourself for personal excellence[M]. London：Prentice Hall，2004.

[16] Weick K E. Improvisation as a mindset for organizational analysis[J]. Organization Science，1998，9（5）：543-555.

[17] Moorman C, Miner A S. The convergence of planning and execution: improvisation in new product development[J]. The Journal of Marketing, 1998, 62（3）: 1-20.

[18] Cunha M P, Kamoche K, Cunha R C. Organizational improvisation and leadership: a field study in two computer-mediated settings[J]. International Studies of Management & Organization, 2003, 33（1）: 34-57.

[19] Seham A E. Whose Improve is it Anyway? Beyond Second City[M]. Jackson: University Press of Mississippi, 2001.

[20] Vera D, Crossan M. Improvisation and innovative performance in teams[J]. Organization Science, 2005, 16（3）: 203-224.

[21] Bergh D, Lim E. Learning how to restructure: absorptive capacity and improvisational views of restructuring actions and performance[J]. Strategic Management Journal, 2008, 29（6）: 593-616.

[22] 陶建宏，师萍，段伟宇. 自我领导、组织自尊与员工创新行为关系研究——基于电子通讯制造企业的数据[J]. 预测，2014，33（1）：9-14.

[23] 闫艳玲，张军伟，张宏. 积极领导与员工敬业度的关系研究：基于自我决定视角[J]. 科研管理 2019，40（6）：254-264.

[24] Breaugh J A. The work autonomy scales: additional validity evidence[J]. Human Relations, 1989, 42（11）: 1035-1042.

[25] Hackman J R, Wageman R. Asking the right questions about leadership: discussion and conclusion[J]. American Psychologist, 2007, 62（1）: 43-47.

[26] Fried Y, Hollenbeck J R, Slowik L H, et al. Changes in job decision latitude: the influence of personality and interpersonal satisfaction[J]. Journal of Vocational Behavior, 1999, 54（2）: 233-243.

[27] Mazz C C, Sims H P. Leading workers to lead themselves: the external leadership of self-management work teams[J]. Administrative Science Quarterly, 1987, 32（1）: 106-128.

[28] Arnold J A, Arad S, Rhordes J A, et al. The empowering leadership questionnaire: the construction and validation of a new scale for measuring leader behavior[J]. Journal of Organizational Behavior, 2000, 21（3）: 249-256.

[29] Ahearne M, Mathieu J, Rapp A. To empower or not to empower your sales force? An empirical examination of influence of leadership empowerment behavior on customer satisfaction and performance[J]. Journal of Applied Psychology, 2005, 90（5）: 945-955.

[30] Srivastava A, Bartol K M, Locke E A. Empowering leadership in management teams: effects on knowledge sharing, efficacy, and performance[J]. Academy of Management Journal, 2006, 49（6）: 1239-1251.

[31] Houghton J D, Neck C P. The revised self-leadership questionnaire testing a hierarchical factor structure for self-leadership[J]. Journal of Managerial Psychology, 2002, 17（8）: 672-691.

[32] Spreitzer G M. Taking Stock: A Review of More Than Twenty Years of Research on Empowerment at Work[M]. Thousand Oaks: Sage Publications, 2008.

[33] Pavlou P A, Sawy O A E. The "third hand": it-enabled competitive advantage in turbulence through improvisational capabilities[J]. Information Systems Research, 2010, 21（3）: 443-471.

[34]Kirmeyer S L，Shirom A. Perceived job Autonomy in the manufacturing sector：effects of unions，gender，and substantive complexity[J]. Academy of Management Journal，1986，（4）：832-840.

[35]Konczak L J，Stelly D J，Trusty M L. Defining and measuring empowering leader behavior：development of an upward feedback instrument[J]. Educational and Psychological Measurement，2000，60（2）：301-313.

[36]Magni M，Palmi P，Salvemini S. Under pressure! Team innovative climate and individual attitudes in shaping individual improvisation[J]. European Management Journal，2018，36（4）：474-484.

[37]Yanow D. Learning in and from improvising：lessons from theater for organizational learning[J]. Reflections，2001，2（4）：59-61.

[38]Vera D，Crossan M. Improvisation and innovative performance in teams[J]. Organization Science，2005，16（3）：203-224.

[39]Hennessy J L. Leading Matters：Lessons from My Journey[M]. Redwood City：Stanford University Press，2020.

The Impact Mechanism of Self-leadership on Staff Innovative Improvisation of Scientific Research Personnel：Moderating Role of Work Autonomy and Empowering Leadership

Ding Daoren[1]，Chen Wanming[2]

（1. School of Management，Fujian university of Technology，Fuzhou 350118，China；2. College of Economics and Management，Nanjing University of Aeronautics and Astronautics，Nanjing 210016，China）

Abstract：Based on the theory of organizational improvisation，this paper constructs the concept model of the impact of self-leadership the innovative improvisation of scientific research personnel，in which work autonomy and empowering leadership is a moderate variable. Using the survey data，it empirically tests this concept model by the regression analysis. The result shows as follows：self-leadership has a positive effect on staff innovative improvisation，and work autonomy and empowering leadership have positive moderating effect in it；the interaction of work autonomy and empowering leadership also has a positive moderating effect on the relationship between self-leadership and staff innovative improvisation. Finally，it puts forward the related management inspiration.

Keywords：self-leadership；work autonomy；empowering leadership；improvisation behavior

高密度研制下航天器 AIT 生产创新管理实践探析

伊志强，傅浩，于洋

（北京卫星环境工程研究所，北京 100094）

摘要：针对航天器 AIT 的生产过程，提出了主线工作辅线化、辅线工作自动化的主–辅线分离生产理念，开展流程优化创新与技术创新，推进专业化生产制造单元建设，实施“去型号化”的生产物资配置。通过研制自动化生产设备提高生产效率、提升总装质量的一致性水平，促进航天器 AIT 生产模式持续升级。

关键词：航天器 AIT；生产创新管理；生产模式创新

中图分类号：C934　　　　**文献标识码**：A

近年来，航天器型号总装任务逐年激增，面临巨大的生产压力和挑战。宇航产品越来越明显地显现出型号数量多、发射密度高的特点，航天器总体装配业务又是典型的离散型装配，具有面向订单生产、研发周期长、涉及的专业领域广、零部件数量多、以手工装配为主等特点。当前航天器 AIT（assemble integrated test，总装集成测试）及配套物资主要基于各个单一型号的研制流程进行生产组织，属于典型的单件或小批量总装生产模式。据统计，一颗航天器的总装工序约有 5000 个操作，每班组每天需完成 5～8 颗型号的 100 余项不同的操作，主线和辅线交错，需耗费大量的准备时间，操作者既要完成不同的操作任务，又要防止发生“错、漏、磕、刮”，生产效率不高，甚至会发生低层次质量问题，影响了航天器研制的进度和质量。航天器总装过程中存在大量的信息传递和资源协调，需要各个部门协同合作，其过程中的物料（主要包括组成该件产品的仪器设备、主料和辅料以及工具量具等辅具）动态精细化管理一直是总装过程管理的难点。尤其需要指出的是，在航天器总装阶段，需要进行电性能测试、质量特性测试、精度测试、漏率测试以及振动试验、真空热试验、噪声试验等系统级试验，由于该过程中存在生产扰动大、装配周期长和临时协调多等特点，产品研制阶段装配过程中的物料动态管理成为航天器总装的瓶颈问题之一。

作者简介：伊志强（1980—），男，山东肥城人，北京卫星环境工程研究所高级工程师，研究方向为项目管理；（通讯作者）傅浩（1978—），男，山东潍坊人，北京卫星环境工程研究所研究员，研究方向为航天器智能装配技术与管理；于洋（1985—），男，吉林九台人，北京卫星环境工程研究所高级工程师，研究方向为航天器总装产品研制。

本文参考国内外航天、航空、兵器等工业的发展史[1-3]，以及当前许多大型企业开展的主辅分离战略规划思想[4-7]，提出产品研制由单件研制向系列化、批量化研制的生产模式转型，将与主线工作相关度不高的通用性工作从主线剥离出来，将纯手工的工艺方法改进升级成自动化的工艺方法，通过创新管理实现主辅分离，使主线工作辅线化，辅线工作自动化，全面提高这类通用性工作的生产制造效率，实现生产效率和质量一致性水平的“双提升”，促使航天总装生产模式转型升级，形成快速响应和高效装配的能力，打造航天器总装业务精品工程，是满足未来航天器总装需求的必由之路[8-11]。

1 航天器 AIT 生产存在的主要问题

目前航天器研制采用以人工为主的单件研制型生产模式，专业分工界面不够清晰。近年来通过深入分析影响总装生产效率提升的关键因素，积极探索并推进航天器研制模式与其他行业先进生产方式的有机融合，但面对长远发展，传统的科研生产模式具有诸多不足，主要体现在以下方面。

1.1 型号研制共享性差，资源重复耗费

在型号任务较少的阶段，基于航天器单件研制型的生产模式可以有效地控制物资、进度和质量。而当前型号研制呈现高密度研制态势，依然采用不同型号各自独立的管理模式，显得过于僵化。不同航天器 AIT 涉及的总装项目可分为 14 大类，按照成组技术的相似性原理，各航天器中同类的重复性劳动较多，占据了较多的人力资源，研制效率亟待提升。串行的工作模式研制链条长，管理流程僵化，资源使用效率不高。

此外，各型号之间相互争夺资源的现象日趋严重，针对临时短缺物资或装备资源的相互借调手续复杂，各自型号独立管理备份资源，形成资源的重复耗费，这种单一型号的物资配套模式和单一研制模式，已不适应高密度研制、高密度发射的“新常态”。标准件、直属件、热控件、热控原材料的“去型号化”配置仍处在初级阶段，生产物资的“供给方式”还未真正适应“双高”的要求。

根据上述管理过程描述，分析出传统物料管理模式的不足之处主要体现在三个方面：①各型号的物料在提出采购需求、采购、交付、发放的时候，不对物料的类别进行区分，均按各自型号需求及一定的富余量提出采购申请，各型号使用的标准件、通用物料等均按此计划管理，每个型号提出的富余物料形成一定的浪费，采用通用库统一管理按需领取，只需要总库存留有一定余量即可。②在型号研制过程中，存在临时工作需要的个别物料短缺的情况，此时与相近型号协调物资调用的手续繁杂，占去一个操作人员较多的主线工作时间，物资管理与协调的效率较低，而通用库统一管理不存在协调调用的情况。③不同型号总装过程中所使用的标准件以及通用物料均大体相同，按型号管理的模式下一般需要每个型号单独采购物资，相比于批量集中采购，小批量采购的订货、运输、分拣等成本均较高，而不区分型号后大批量的集中采购可以显著地降低型号通用物资预算成本。

1.2 多型号统筹协调能力不足

航天产品一般具有单件研制、多技术密集等特点，总装集成阶段的系统性和复杂性决定了AIT过程的重要性，但单件研制模式缺乏系统性的“一盘棋”规划，工作机制不够合理，缺少有效的解决措施，导致班组间的人力资源、技术、信息融合共享不足。型号研制的接口多、主线时间长，热控改装、多层取样及试装、电缆导通绝缘检查、单机热控实施等工作长期占用主线时间，逐渐成为制约资源动态调度、生产快速响应、研制流程优化的短板。多型号并行研制模式下固有的统筹能力不强的特点加剧了工作效率提升的难度。

1.3 主、辅线界面不够清晰，人力资源效能发挥不足

传统的研制模式采用一支队伍完成全部工作，没有严格的主线和辅线区分。单个技能人员从事的工作项目繁多，从单机热控、推进管路装配、舱段总装到最终的系统集成全部覆盖，流程长、需要掌握的技能多在一定程度上影响了技能人员的成长速度，间接影响型号研制效率和质量。主、辅线界面不清的研制模式，导致研制队伍分工不够精细，影响了人力资源效能的充分发挥，最终影响了航天器研制的进度和质量。

1.4 自动化的生产手段应用较少，生产效率不高

传统的AIT过程以手工作业为主，自动化、专业化的生产方法和生产设备应用少，针对主线的自动化生产手段更少，在型号高密度研制的背景下，任务实际需求与生产效率不高的矛盾进一步凸显。对需要集体作业和占用时间较长的项目，尤其是主线上的导线自动压接、电缆自动化测试、快速精密吊装对接、自动化转运等具体应用较少，生产效率获得质的提升困难。

2 航天器 AIT 生产模式转型差异化分析

基于“主线工作辅线化、辅线工作自动化”的高密度研制下航天器AIT生产模式，需要处理好转型过程中的各种关系，既要满足航天器AIT生产研制质量，又要提升研制效率。因此，要统筹协调、均衡生产，充分挖掘航天器AIT的人力资源和设备优势，避免过多的资源冲突和突击赶工，从而实现降本增效。

2.1 重点型号与一般型号的关系

具有型号个性特点的工作与具有较多共性的工作要协调一致。分清主次、把握重点，重点型号任务优先的同时，又要兼顾普通型号的任务，妥善处理好重点型号和一般型号的关系。同时，高密度研制态势下多个型号研制并行总装，不同型号之间存在共性的总装工作项目与具有自身特点的总装工作项目需要聚类分析，深入研究共性总装工作项目高效解决的方法和手段，

并做好主线研制人员与解决共性工作人员的匹配问题，实现各类人员责权清晰、分工明确、协作共赢。

2.2 单件研制与批量生产的关系

以深空探测为主的型号具有显著的单件研制特点，而以北斗导航、载人飞船、货运飞船为主的型号具有小批量研制特点。因此在制定总装生产计划时要力求做到科学，从整体能力出发，通盘考虑，削减生产过程的高峰和低谷，依据不同特点明确实施重点和技术关键，合理统筹单件研制任务与批量研制任务之间的关系，制定顶层管理措施。

2.3 高密度型号研制与人力资源短缺的关系

高密度研制形势下型号任务量多、科研生产压力大，人力资源成为瓶颈问题，需要优化完善两者之间的关系，细化完善人、机、料和信息等各类资源，实现人员合理高效流动，打造“去型号化”的复合型人才队伍。实行不同型号间的人员融合交叉工作，缓解人员紧张，促进技术和经验共享，不断优化人才质量，满足高密度研制下的型号 AIT 任务需求。

3 航天器 AIT 生产模式创新转型的工作思路

航天器总装业务开展主辅分离与生产模式升级工作，基于总装工作现状与未来发展趋势，要实施创新，做到四个转变，即开展 AIT 业务模块化分解，打造专业化人才团队，推广自动化装备提升效率，完善“去型号化”资源保障体系。

第一，AIT 业务模块化分解。为了适应高密度研制形势下航天器 AIT 需求，在分析单一航天器的研制生产组织模式的基础上，探索改变传统的纵向全流程系统工程研制体系，对型号 AIT 业务进行模块化分解，将相对独立的部组件级装配、辅线生产从型号主线总装中分离出来，逐步减少主线工作任务，传统的 AIT 业务分隔为“主线总体集成装配”和“部组件级专业化装配”两部分。实现专业化模块与型号主线的匹配衔接，形成相对独立的具有较强专业性的专业化产品制造能力。

第二，创新性实施 AIT 工作标准化操作流程。在 AIT 工作模块化分解，主线辅线工作分离的基础上，以主线工作为例，进一步梳理主线工作中的相同或相近操作，进一步将主线工作再次细化分解，同类操作制定标准化操作流程，使同类工作的重复频度增加，甚至部分主线工作也可以去除型号属性，不同型号中的相同或相近操作均采用一致的标准化操作流程，持续通过创新管理降低对人员技能水平的依赖度，提升专业化工作的技能成熟度。标准化作业流程的推广可以提升型号总装任务中工艺、技术状态、条件保障和注意事项等的一致性与辨识性，减少生产准备时间，大大增加有效工作时间，最大限度提升 AIT 质量和效率。

第三，开展技术手段创新，提升专业化生产效率。在 AIT 业务模块化分解和构建专业化人才队伍的基础上，针对独立出的专业化生产模块，开展技术、方法、手段创新，以点为突破口，研制符合专业化生产特点的自动化装备，将具有较明显重复性、规律性、批量化的工作采用专业化设备完成，逐步形成生产制造单元和生产线，大幅提升专业化生产的效率。

第四，完善“去型号化”资源保障体系。在物资管理与资源保障方面，建立面向所有型号统筹分配的模式。物资配套管理的通用物料由传统的各自型号独立管理为主，向所有型号统一管理为主转变。物资配套管理选取具有通用属性的物料，去除型号化属性，建立通用保障库。立足型号自身提交各自的通用物料需求，由物资管理部门汇总统筹确定所有型号的物资种类、数量等需求计划，并开展物资的采购、调配与发放工作，确保通用物料及时稳定供应、管控精准。

4　航天器 AIT 生产模式转型工作实践创新

对现有主线工作持续剥离出可辅线化的工作项目，所有型号的总装任务进行统筹考虑，综合分析所有型号的生产节拍和产能需求，加强专业技术研发，研制适宜的专业化生产设备，提升专业化总装保障能力，改变传统的单个型号驱动、组织、实施和使用的传统模式，充分实现资源在各个型号中的共享。

4.1　以流程优化为重点，创新优化 AIT 生产流程

为适应高密度研制形势下航天器 AIT 的需求，在分析单一航天器的研制生产组织模式的基础上，优化生产模式，进行具体业务模块化划分，以模块任务为驱动，以型号研制总时间缩减为目标深入分析各型号可以优化的项目，并大力推进实施。将更多的主线工作在辅线上完成，以辅线效率的提升支撑主线时间的缩短和效率的整体提升。在人员优化方面，使专业化人员将更多的精力投入到辅线模块生产中，强化对专业深度的挖掘，充分实现各类资源在各个型号中的共享和共融。

以某型号航天器总装任务为例，总装操作工作大体有吊装转运、管路安装、设备部件安装、电缆安装整理与焊接、精测质测检漏等配合、电测配合、热力试验改装、热控组件制作、热控实施等。微观上，不同型号航天器的总装研制任务具有不同的生产节奏和技术特点，但是宏观上同一类操作仍然具有较高的共性，生产流程经过模块化划分切割后，共性较强且适合独立完成的工作则由更专业的技术团队完成。

4.2　主辅分离，大力推进生产制造模式转型

按照“主线工作辅线化，辅线工作自动化”的航天器 AIT 发展思路，进一步做短主线，做强辅线。针对目前总装接口多、主线占用时间长、主–辅线界面不够清晰等问题，以专业化辅线单元、热试验改装等为重点，明确辅线项目，研制专业化生产设备，采用自动化手段提高辅线的效率和质量一致性水平，实现生产制造模式的转型升级。

以专业化辅线单元为例，其中热控组件制作与热控实施任务尤为典型，其工作主要为多层制作、外热流制作、贮箱热控实施、单机设备热控实施等，所做工作均与航天器整体结构无交集，尤为适合从主线剥离出来，单独开展专业化生产，将同类工作集中生产与实施，更有利于技术创新的实施和应用，进一步促进生产效率的提升。

4.3 加快生产制造单元建设创新工作，装备升级与应用同步推进

在航天器 AIT 过程中，热控多层制作、电子装联等多个环节可以从主线剥离并开展辅线专业化生产。为了积累专业化建设经验，降低模式转型风险，先期创建了两个专业化示范班组：热控多层专业化和电子装联专业化班组，力求为后续更深层次的专业化建设打好基础。目前，两个专业化班组在生产效率和生产质量方面得到了极大的提升，示范效果和经济效益显著。

4.3.1 多层隔热组件专业化生产

热控多层专业化班组负责所有航天器热控产品生产，主要包括低、中、高温多层隔热组件制造，贮箱、气瓶热控实施等任务。

在对热控多层专业化建设进行充分分析的基础上，对多层隔热组件的生产流程改造、生产现场改造和生产运行规则体系等方面进行深入的研究，一方面通过对生产流程及相关的配套设施、工艺方法改进以提高单个生产工序的生产效率；另一方面从运行规则等管理体系入手，通过改进任务分配机制、生产运行模式、任务优先级排定规则等途径提升专业化生产体系的整体运行效率。

在制造环节，多层的多品种小批量生产特性决定了其适用于单元化专业生产，随着先进制造设备的不断引入，工艺流程、方法的不断优化以及场地、设施的配套，多层制作工作具备进行单元化生产的条件。首先利用单元生产在运行模式、制作流程上充分展现专业化优势，其次利用成组技术和自动化设备将多层制作过程中消耗大量人力和时间的共性操作进行集中自动生产，最后针对手工环节通过开发、改进和整合先进工具逐步实现自动化。

国外在多层制作领域也形成了单元化的生产模式，利用多层铺料设备、单针绗缝设备和自动化裁床等先进生产设备进行多层生产，模式与目前国内相同，但在铺料方面由于技术优势已成熟应用，国内尚在研发。在复杂多层设计方面，国外及国内其他多层生产单位仍以手工取样为主。

热控多层专业化生产方面，采用了多项技术创新与管理手段，建立了面向立体多层裁剪的拓扑建模方法，在热控多层参数化设计和复杂曲面快速展开设计的基础上，研发了可以仿形缝制的铺缝一体机和多功能裁床，研制柔性多层自动定位铆接装置，全面建成完整的多层数字化快速制造单元，将热控多层制造能力提升到世界领先水平[12]。热控多层自动化生产流程如图 1 所示。热控多层制造作为重要的辅线工作，实现了全流程的自动化设计和自动化生产，极大地提高了生产效率。

多层隔热组件单元生产模式的实施，为航天器紧张的多层制作任务提供了有力的支持，专业化的生产、流程的改进及自动化设备的使用大幅提升了多层制作效率，有效地提升了多层制

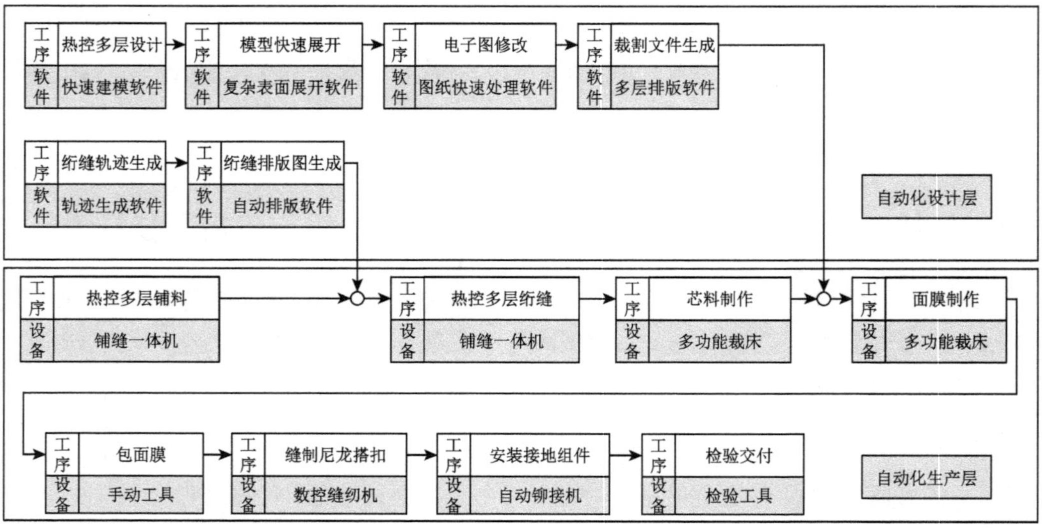

图 1　热控多层自动化生产流程图

作水平和产品质量，可靠性大大提高，保证了航天器总装工作的顺利进行。基于专业化的单元生产不仅是技术上的创新，更是生产模式的创新，使用效果良好。单针仿形缝制方面完成系统研制，针对多层特殊要求进行了 0.1 级参数控制，将多层层密度、接触应力和接触点数量控制在合理范围，改进路径自动生成算法实现仿形缝制路径自动绘制，提升缝制效率 60%以上。完成缝制、裁剪数字化定位排版和设备激光定位技术，实现缝制和裁剪连续作业。复杂形面数字化设计（多层包覆模型建模和表面展开）为手工取样提供了很好的替代方案，多次的试装试验表明，复杂形面数字化设计准确度高，一致性好，成果便于保存和数字化生产，取得了预期的使用效果，可以作为其他类似设备多层设计的参考。多层自动化裁剪和绗缝替代了手工缝制和壁纸刀裁剪工作，开发了图纸快速绘制方法，保证了在不增加设计环节任务量的同时，提高现场多层制作的精确度等质量因素，实现多层批量自动连续裁剪，解决了芯料裁剪尺寸不准确、边缘效果不佳等问题，提高多层裁剪效率 5 倍以上，节省了总装时间。开发包面膜后再自动裁剪技术、尼龙搭扣双边一次缝制技术和接地组件快速铆接，解决尼龙搭扣缝制和多层接地组件铆接任务多、操作效率低的问题，效果显著。

4.3.2　电子装联专业化生产

电子装联专业化班组承担各航天器热电偶引线焊接、热敏电阻引线焊接、外热流制作等工作。该类工作同样与航天器主体结构无交集，可在星下独立完成并交付，适合专业化生产作业。

以热敏电阻引线焊接工作为例，热敏电阻是星上最常用的测温元器件，目前，热敏电阻引线的焊接采用手工焊接的方式。由于热敏电阻引线较细，焊接质量要求较高，电装人员进行热电偶插头焊接费时费力、效率不高。近年来，随着我国航天型号任务逐年增多，手工焊接的传统工艺方法难以满足型号高密度研制的需求。因此，需要改进现有的生产模式，提高焊接效率和焊接质量的一致性。热敏电阻引线手工焊接的流程如图 2 所示。

图 2　热敏电阻引线手工焊接流程图

通过上述热敏电阻引线手工焊接流程的分析，目前操作过程主要存在如下不足。

（1）手工焊接效率低。一名熟练的电装人员，手工焊接 300 个热敏电阻，约需要 10 天，焊接效率较低。焊接效率过低的主要原因有两点：一是热敏电阻引线直径只有 0.5mm，对接的导线线芯直径只有 0.5mm，线缆较细，电装人员进行手工焊接时不便于操作；二是手工焊接时，每次只能焊接一根引线，完成全部热敏电阻引线的焊接需要重复焊接的次数较多。

（2）操作强度较大。热敏电阻引线焊接时，要固定在特制的工装上，由于单个型号的热敏电阻较多，因此，操作强度较大，耗费电装人员大量精力，易于产生疲劳，影响后续的工作安排。

（3）占用电装人员多。单个型号上的热敏电阻大概有数百个，为了保证按时完成任务，需要电装人员多人并行工作，因此，占用电装人员较多，影响其他电装工作的开展。

目前多个型号任务的热敏电阻引线焊接工作正在进行。对于电装人员来讲，热敏电阻引线焊接工作时间紧、任务重，因此，急需一种自动化的焊接方式来解决现在面临的难题。目前市场上的钎焊机器人技术成熟，自动化焊接方法可以大大提高焊接效率。但是要用于热敏电阻引线的焊接，还需对热敏电阻引线的摆放方法进行研究，才能满足热敏电阻引线快速焊接的工况要求。

针对热电偶/热敏电阻引线手工焊接效率不高的问题，研制出基于 SCARA（selective compliance assembly robot arm，选择顺应性装配机器手臂）机器人的热电偶/热敏电阻引线批量自动焊接平台[13]，可实现引线的自动焊接，大幅缩短了焊接周期。该平台的投入使用提高了导线的生产效率，保证了焊点的一致性，适应了高密度型号研制任务的需求。

外热流专业化生产方面，在自动画线点胶机器人、导线快速压接和插头复用的基础上，进一步优化过程各个细节，提升外热流自动化制造单元的展示度[14]。研制的航天器总装画线点胶一体机，结合了基于 CCD（charge-coupled device，电荷耦合器件）技术的图形扫描系统和自动点胶机技术，在加热片位置自动画线、胶点位置智能选取、自动点胶等方面生产效率大幅提升。

4.4　“去型号化”生产物资配置，全力推进“供给模式”创新转型

依托数字化总装中心管理系统，建设通用库房管理模块，建立各平台直属件、标准件、热控材料、辅料等通用化物料的“去型号化”货架式管理模式，实现物资规范化采购和物料信息规范化录入，通过预警功能实现货架库存的动态平衡，最大化地降低型号物资成本，提高物资的使用效率与管理效率。减轻技术人员、计划管理人员对低附加值、重复性工作的精力投入，更好地发挥上述人员在关键环节、关键过程的专注度，实现“供给模式”的转型。

“去型号化”货架式管理模式完全颠覆了传统的按型号配套所有物料的模式，是航天器总装管理的一大创新举措与进步，总装库房对内梳理需求，制定合理的预警量、采购量和库存量，对外不分型号，物资按工艺技术文件需求随到随取，物资的存放采用自动化货柜，同样不计型号属性，仅按物资本身属性区别放置，极大地提高了存取效率，使航天器型号物资的发放与自动化药房收单发药、大型仓储库房收单发货一样高效与便捷。

4.4.1 统一通用化物料管理模式，打破型号界限，按需发放物料

根据通用化物料“去型号化”管理模式的实施要求，完善数字化总装中心库房信息化管理系统。按卫星平台建立总装标准件库和星上辅料库；其中导航平台完成通用直属件库建设；按照平台建立通用库后，平台内各型号可以进行物料通用化管理，同时，不同平台之间的物料借用不需要进行调拨。

（1）采购管理归一化。硅橡胶、3M 胶带等 76 项上星辅料的采购需求计划统一由航天器总装中心配套库房负责，配套库房对 76 项上星辅料的历年使用情况进行数据梳理，建立年度使用需求基数，提出年度使用需求，同时建立库房预警值，在库数量低于预警值时，触发临时采购流程，确保物料数量满足型号任务需求。标准件由工艺人员结合型号任务提出年度需求计划，库房管理人员结合年度需求计划进行利库工作，标准件的年度采购需求由航天器总装中心配套库房负责。

（2）入库自动核账。在物料到货入库录入过程中，系统自动将当前录入物料与最早提出的物料采购单进行关联，对物料数量进行匹配，后台自动匹配采购单进行采购单到账数量核减，通过匹配，确定当前采购单是否已到库。在采购单管理中可通过查看采购单详细信息来查看采购单中物料的到账情况，其中“入库数量”显示该物料已到账的数量。

（3）配套发放管理。在数字化总装中心库房管理模块下，对物料配套功能进行完善，对物料按入库时间进行排序，在开展物料配套时优先配套先入库的物料，配套时在物资总在库数额内核减。

4.4.2 建立通用化物料字典

对于梳理出的适用于“去型号化”管理的标准件、直属件、星上辅料等物资，针对表 1 物料信息格式建立物料字典功能，物料字典可维护，具有新增、修改、删除字典信息功能。在“去型号化”管理模式实施过程中不断完善物料字典功能，维护物料字典信息的全面性。

表 1 物料字典表预设条目（节选）

序号	名称	牌号	技术条件	规格	强度等级	表面状态	单位
1	胶带	75#	—	25mm 宽	—	—	卷
2	胶带	75#	—	50mm 宽	—	—	卷
3	胶带	92#	—	15mm 宽	—	—	卷

续表

序号	名称	牌号	技术条件	规格	强度等级	表面状态	单位
4	胶带	92#	—	25mm 宽	—	—	卷
5	双面压敏胶带	75#	—	宽 25mm	—	—	卷
6	双面压敏胶带	75#	—	宽 50mm	—	—	卷
7	502 胶	—	—	—	—	—	支

依据物料字典的数据信息，按照固定格式编制标准件、星上辅料采购单，编制时以名称、牌号、规格这三项信息为特征信息，提供可选项，具有唯一选择后，后续详细信息自动填入表格内，无须手工录入，并对已完成的采购单可以自动生成采购单，并自动形成封面。

4.4.3 物料入库信息规范化，货架库存动态平衡

星上辅料入库过程中，填写名称、规格、牌号时，具有实时检索功能，并自动将与该类物料相关的信息代入其他信息栏中，如物料检索信息相同具有多种选择，则实时给出可选列表，减少录入，确保物料录入信息的规范化。

年度集中采购计划完成入库后，因型号研制计划可能发生变更，物资年度实际需求产生变化，在物资在库数量不足以满足后续研制需求时，需要即时提出补充采购计划。在数字化总装中心库房管理模块下按照物料的数量和产品有效期实现双重预警，物料设置预警值后，查询物料列表时，对达到预警线、过期、超限过期的物料采用不同的背景色显示。

同时在物料出库过程中，通过对物料按入库时间进行排序，系统自动提示对先入库的物料进行出库，避免因过期造成的物料浪费。

入库和出库在长时间内是动态变化的，根据经验设置预警线，最终实现货架库存动态平衡，在满足型号需求的前提下，减少库存余量，降本增效。

5 结语

基于单件研制型的航天器 AIT 生产模式在面对高密度研制背景下效率不足的难题，以“主线工作辅线化，辅线工作自动化”的航天器 AIT 生产模式创新转型逐步改变传统的生产模式，提升航天器总装效率与质量。以多层隔热组件专业化生产、电子装联专业化生产、“去型号化”生产物资配置等作为典型案例探析高密度研制下航天器 AIT 生产创新管理实践，以示例表明了航天器 AIT 生产模式创新转型的重大意义。一是有利于型号总装主–辅线分离，通过梳理主线工作，剥离出辅线任务，缩短总装周期，均衡生产节奏。二是有利于深化专业化生产内涵，将

辅线工作独立于总装主线工作之外，建立专业化的生产制造单元，实现航天器 AIT 的专业化和自动化的深度融合。三是有利于提升总装的质量一致性水平，将原来的手工制作转向自动化生产，通过方法改进降低人的劳动强度，提高产品质量的一致性水平。四是建立了适应高密度任务要求的航天器 AIT 生产模式，适应未来任务对总装效率、质量控制、成本控制等多方面的要求。

航天器 AIT 生产管理创新模式的升级是持续迭代的过程，主–辅线分离是思路，自动化是手段，质量可靠是前提，效率提升是目标，通过不断引入新技术、新方法，降低各类资源消耗，为型号任务高效完成夯实基础。

参考文献

[1] 林英，宋敏，李秀兰. 基于点线网模式的班组专业化管理[J]. 企业改革与管理，2016，(24)：34.

[2] 李丽琼，曾春平，吕高见. 小卫星 AIT 流程简化探讨[J]. 航天器工程，2016，24（1）：120-125.

[3] 黄志澄. 美国“太空快速响应”计划[J]. 国际太空，2006，(10)：14-17，33.

[4] 焦光跃，赵林静，张鹏飞. 国有企业主辅分离再思考[J]. 财经界，2012，(11)：105，107.

[5] 苏本义. 沛县制造业企业主辅分离存在的问题及建议[J]. 中国高新技术企业，2012，(30)：7-9.

[6] 李征，于乃生，张佩锋，等. 航天型号产品科研生产管理模式转型实践[J]. 航天工业管理，2017，(5)：27-30.

[7] 王卫东，夏晓春，杜刚. 航天型号科研生产模式转型的思路与途径（下）[J]. 航天工业管理，2013，(2)：9-12.

[8] 郝照平，葛姗姗，刘菊青. 航天型号科研生产管理评估实践[J]. 航天工业管理，2012，(8)：4-9.

[9] 唐为明，赫荣伟，马涛，等. 宇航科研生产管理模式转型的研究与推进[J]. 航天工业管理，2013，(9)：22-26.

[10]伊志强，魏跃良，杨前进. 航天器型号 AIT 生产管理模式探讨[J]. 航天器环境工程，2013，(5)：561-565.

[11]曹亚军，胡锦毅. 论航空企业科研生产管理进度优化及控制方法[J]. 价值工程，2012，(17)：106-107.

[12]潘尚洁，王哲，傅浩，等. 卫星多层隔热组件批生产管理系统设计与实现[J]. 航天工业管理，2017，(7)：12-16.

[13]张宁，傅浩，刘泽元. 航天用热电偶插头自动焊接工艺对比试验[J]. 电焊机，2018，48（12）：118-121.

[14]祁鹏，边玉川，赵璐. 总装专业化自动量化点胶系统研究[J]. 航空制造技术，2014，(21)：141-143.

Analysis on Innovation Management Practice of Spacecraft AIT Production under High-density Scientific Research

Yi Zhiqiang，Fu Hao，Yu Yang

（Beijing Institute of Spacecraft Environment Engineering，Beijing 100094，China）

Abstract： This paper focuses on the production process of spacecraft AIT，and puts forward the production concept of separation of principle task and auxiliary tasks. The auxiliary tasks are mainly completed by automatic equipment.

Process optimization and technological innovation have been implemented. Specialized manufacturing units have been built. The “De-modellization of spacecraft” production material configuration has been completed. Production efficiency has been improved by automatic production equipment. The consistency level of final assembly quality has been improved. The continuous upgrading of production mode of spacecraft AIT has been promoted.

Keywords: spacecraft AIT; production innovation management; production mode innovation

农民集群创业与乡村振兴：理论与实践

黄雯

（西北政法大学 管理学院，西安 710061）

摘要：从我国农民集群创业的实践来看，农民集群创业经历了农民自发型、合作组织（企业）带动型、政府推动型与新经济驱动型等类别层次。结果表明：农业集群化发展为农民集群创业搭建平台；农民利用产业集群的集聚与扩散效应开展集群创业，充分利用乡土社会网络，促进信息流通和交流，降低创业成本；农民集群创业为乡村振兴战略的实施提供了新思路；政府起到了积极作用，精确定位政府角色，提出提升农民集群创业成功的路径，为农民集群创业提供有益指导。

关键词：农民集群创业；农业集群化；农民创业；乡村振兴

中图分类号：F323.6　　　　**文献标识码**：A

乡村振兴战略是我国农村经营战略思想的一次重大跃迁，这种跃迁不仅仅体现在农业生产结构、农业经营方式、农业生产效益等方面，也为我国农村、农民、农业的发展提供了合理的战略构想，本质上为改变原有松散且低效的经营体系提供了政策基础。

农民集群创业是新时期的一种农民经济行为。农业集群化，要求农民集群创业，本文基于这样的一个思路，探索农民集群创业的条件、类型和政府的角色，以期用理论创新推动实践创新，促进农业发展，保证农产品质量和食品安全，提高农民收入，促进农村经济、人文、环境协调发展。乡村振兴是实现城乡一体、两个一百年目标、中华民族伟大复兴的重要战略。农民集群创业是农民的内生需求，同时也是农民不断进行自我发展的重要构成和途径。

1　乡村振兴的内生动力：农民创业

1.1　农民创业的内涵

国内关于农民创业的界定尚未达成共识，学者的侧重点不同，所做的定义也存在差异，总

作者简介：黄雯（1976—），女，陕西杨凌人，西北政法大学管理学院副教授，博士，研究方向为农村经济、农村人力资源管理。

体而言呈现出如下几种思路。一是凸显创业者对创业机会的把握及创新[1]，吴昌华等[2]对农民创业的界定为："识别、开发与利用机会能力强的农民在搜寻与开拓市场的基础上，通过重组现有要素、创新经营方式及开辟新的生产领域，实现自身利益最大化与扩大劳动力就业的目标"；二是注重"农村"或"家庭"的载体作用，如郭军盈[3]将农民创业定义为"农民依托家庭组织或创立新组织，投入一定的生产资本，依托农村，通过扩大现有生产规模或从事新的生产活动开展新的事业来达到积累财富和谋求发展的目的的过程"，韦吉飞[4]则融合前两种观点，将农民创业界定为"农民依托家庭，组织城乡资源，开展基于增加财富或者谋求发展机会等目的的商业经济活动"；还有一种思路则强调"农民创业是一个价值创造的过程"，如罗明忠[5]认为农民创业者从事个体工商经营、创办企业及基于市场销售目的的规模或特色种养、加工等价值创造的过程均属于农民创业的范畴，这里的"价值创造"涉及财富的增加与个人理想的实现。不难发现，国内的研究重视创业者的农民身份和主观能动性，这在一定程度上更利于深入剖析农民创业机理。

1.2 农民创业的影响因素

现有的关于农民创业影响因素的研究涉及面较广，如朱明芬[6]、傅春和张明林[7]对一般环境因素、家庭环境因素、个人素质因素和农民资源禀赋对创业行为的影响进行了精准的概括和总结。蒋建勇和郭红东[8]研究了企业家氛围和社会网络对农民创业意图的影响。可以看出，学者基本上同意个体因素和环境因素对农民的创业行为具有重要影响。就农民的创业动机而言，罗明忠[5]认为，在复杂多变的农村环境中，生存需要是农民创业的主要驱动力，但实际上个体特质、家庭状况及客观环境等因素都将影响农民的创业动机。另一些学者认为，农民创业的动机正在从生存型动机转变为机会主义动机。不同类型动机的创业活动在促进农村经济发展和解决就业方面的作用存在显著差别。与生存型创业做比较，机会主义创业可以提供更多的就业机会，通常生存时间更长，创新能力更强，并同时对经济发展产生更积极的影响[9]。一般而言，创业者经济条件较差时经济性动机会更强，经济状况较好时创业动机会变得更为复杂，且社会性动机将进一步增强[10]。对于农民的创业援助，不仅要鼓励创业者选择通过缓解资金约束、减轻创业成本负担、提供商业支持服务等进入，还要考虑农民企业家把握创业机会的能力和他们的创业意志，支持和帮助其形成创业意愿，以刺激农民产生现实的创业动机[11]。

家庭是农民在经济、情感等多方面的利益共同体，农民的创业资源可以拓展到家庭范围，家庭成员与生俱来及后天获取的资源、能力和技术通常可以被每位家庭成员所利用，家庭资本是农民个人禀赋的外延[12]。因此，农民的个体决策行为将受到家庭资本状态的影响和制约，进而会基于家庭资本的丰裕程度做出是否创业的决策[13]。在经济转型时期，制度环境的建设仍不完善，此时拥有社会精英家庭背景的农民创业者从现有系统中获得资源和利益更加便捷，公司面临的政策环境同时得到改善，并优先考虑税收、土地、信贷和行业准入条件[14, 15]。农民创业的动机不仅受到个体主观特质与外部客观环境的影响，同时还受到其所在家庭结构特征的制约，比如资源相对丰裕的社会精英家庭成员更可能出于社会性动机而创业，而资源相对匮乏的人力残缺家庭更可能出于经济性动机而创业，家庭结构的异质性将产生差异化的创业动机[16]。

1.3 农民创业是乡村振兴的内生动力

现实中，人们关注更多的是乡村振兴给农村创业和产业发展所带来的巨大机遇，殊不知，农村创业同样也能为乡村振兴战略的顺利实施提供强大动力[17]。在组织发展的不同阶段，妥善利用社会网络中的关系，选择合适的策略，推动农民工返乡创业互助组织发展，是实现返乡农民工成功创业驱动乡村振兴的重要前提[18]。支持农民工返乡创业，有利于以产业兴旺引领乡村振兴，推动更多人才、技术、资本等要素向农村聚集，为农村地区开辟新的就业渠道，培育“三农”发展的新动能[19]。我国在不断发展实践中涌现出了合作社领办型、创业平台助推型、美丽乡村引领型、龙头企业带动型、乡贤返乡兴业型等五种助推乡村振兴的典型农村创业模式，各种模式具有不同的内涵特征和结构要素，政策要素、平台要素、产业培育要素、资金要素和人才要素等相互作用，决定了农村创业的形成过程及其成效，进而推动了当地乡村振兴的实现[20]。

2 农民创业的优化：农民集群创业

2.1 农业产业集群理论研究

农业产业集群最为突出的特点是以农业为核心，与其他的企业、政府、中介等建立关系，在空间上聚合成为具有竞争力的整体[21]。这种聚合整体虽然能够在一定程度上改善农业供给结构，调整农业生产格局，推动农村经济发展，但是同时也存在一系列问题，如吸引劳动力不足、集群科技创新动力不足、政府调节失灵等[22]。曹邦英和涂文明[23]从循环经济、生态经济发展角度出发，结合产业集群探寻出以优势农业集群和农业循环经济为基础，推动新农村建设的思路。优势农业集群具有的特征应该是农业规模化、农业产业化、农户企业化，以产业集群的建立促进农业经济的发展，为推动新农村建设提供有益思路[24]。在建立产业集群时，一般应遵循企业带头型、农业科技园链接型、合作竞争型等发展方式，在坚持实际的基础上有所创新，试图构建网络型产业集群[25]。任何事物的发展都需要相应的动力支撑，对于产业集群而言，发展的动力就是集群创新，这种创新是产业内部与外部环境相交互而产生的，能够推动产业集群的发展[26]。集群创新并不是没有方向的随意创新，在创新的过程中要坚持遵循市场经济发展规律，维护生态环境，鼓励农民参与企业创新，利用产业集群的创新打造区域品牌，以此促进新农村的建设[27]。刘振滨和朱巧环[28]从农业产业集群的发展基础、发展动力、竞争力塑造进行分析，认为只有立足自然资源、发挥区位优势形成市场定位准确的产业集群，最终通过竞争力塑造的关键环节，可以从根本上促进农业经济的发展。同时，产业集群的创新和发展的参与主体是市场和政府。政府的作用是在克服市场失灵带来弊端的同时，充分发挥市场在资源配置方面的决定性因素，解决农业产业集群发展中的问题[29]。

2.2 农民集群创业的演变

自 1978 年开始的农村经济体制改革，截至目前已经 40 余年。期间农村经济得到了长足的发展，社会面貌得到改变，证明了农村经济体制改革的正确性和恰当性。当然，农民集群创业的实践也在改革的过程中逐步体现，在这一过程中，农民集群创业在实践中逐渐形成了农民自发型、合作组织（企业）带动型、政府推动型及新经济驱动型等四种模式。

2.2.1 农民自发型

农民自发型集群创业的路径，基本是由当地有胆识、有闯劲的农民个体或者农户进行投资发起，随后其他农民或者农户进行跟进，最后形成农业产业集群。

20 世纪 70 年代，在福建长乐一带陆续出现一些小的服装加工企业，主营业务只是来料加工、来样加工、修补等。1978 年改革开放后，在加工业链条延伸的情况下，当地一些有胆识的农民开始积极创业。1984 年林敬恩参加了长乐市的第一家针织经编厂的准备和运作。经过近 40 年的发展，长乐纺织业由家庭作坊发展到集团企业，2014 年和 2015 年长乐纺织每年以增长近 200 亿元的速度快速发展，2016 年长乐纺织业更是实现年产值 1600 多亿元。2019 年以来，长乐区结合“互联网 + 先进制造”发展趋势和自身在数字经济领域的突出优势，长乐纺织产业集群被列为重点产业先行示范区。2020 年，面对新冠肺炎疫情带来的不利影响，长乐纺织产业依然交出了一份亮眼的成绩单，全区规模以上纺织企业实现产值 2143.61 亿元，同比增长 5.6%，成为福建省乃至我国县域少有的规模突破 2100 亿元的大产业集群。

浙江省杭州市富阳区东洲街道黄公望村由原华墅村、白鹤村、株林坞村、横山村四个村合并而成，2011 年，黄公望村农民朱阿娟将自己新建的三层小楼改为民宿，民宿正式投入运营，收益就达 10 多万元，在其影响下，当地部分村民转向民宿经营。截至 2016 年，当地形成规模的民宿大致有 13 家，全年接待旅客 35 万多人次，营业收入 2500 万元，创利税 800 多万元，解决了 250 多人的就业问题。

由福建长乐和杭州黄公望村的经济发展历程可以得出，在农民自发型集群创业的过程中，往往都是由有胆识和先见之明的农户发起，经历若干年的发展，带动周边农户积极效仿，逐渐形成相关产业集群，产业集群的发展，吸引政府的政策优惠和相关投资，带动集群产业核心和集群外围的发展，形成产业链条，从更深层次和更广范围推动当地经济发展。

2.2.2 合作组织（企业）带动型

合作金融组织必须立足乡村村社本身，调动村社内部和外部的要素充分流动，助力集体经济发展本村新产业、开发新功能[30]。合作组织（企业）带动型的农民集群创业是伴随着市场经济的进一步发展，依托农业区位优势发展，农民寻求优势环节和链条，进行创业，形成农业企业集群、生产集群或加工集群的过程。合作组织（企业）带动型的农民集群创业的出现晚于自发型农民集群创业。合作组织（企业）带动型的农民集群创业是在城市改革甚至以后才逐渐开始的。合作组织（企业）带动型的农民集群创业虽然发展比较晚，但是由于企业或合作组织良好的运行机制，发展迅速，并迅速形成了“合作组织（企业）+ 农户”的模式及其创新，在全国推广开来，形成了许多大的农业基地和农业集群，使大量的农民完成创业。

龙头企业凭借其独特的优势带动集群范围内其他企业和农户的发展，从而形成独特的经济发展优势，带动当地经济社会的发展，这是合作组织带动性最为突出的特点。此外，龙头企业有着较为完善的资金链条和规章制度。因此，这一模式可以在一定程度上改善单个农户自律性差、资金来源差、知识素质较低的境况。

合作组织（企业）带动型的农民集群创业比较有特色的地区是山东地区。山东作为我国最早创立并实施农业产业经营的省份，“公司 + 农户”的模式为农民集群创业提供了许多便利条件和宝贵经验。例如，山东诸城外贸有限责任公司属农业产业化国家重点龙头企业，在“2020 中国制造业企业 500 强”榜单中位列第 380 名。数年来，公司农业国际化和现代化进程从未间断。公司牢固树立“农业发展我发展，我与农民共兴衰”的经营指导思想，走“贸工农一体化，产加销一条龙”的产业化发展道路，带领百万户农民参与国际市场竞争。2008 年公司向农村投放资金 46 亿元，为农民增加收入 5.9 亿元，为农村经济的发展注入了活力。

合作组织（企业）带动型的农民集群创业更多地利用合作组织（企业）的运行机制和激励机制，以合作组织（企业）作为动力源，带动农民参与到合作组织（企业）的外围生产，使农民完成农业生产结构的转变。这是合作组织（企业）带动型的农民集群创业的最本质内涵。

2.2.3 政府推动型

政府推动型农民集群创业是最近几年发展起来的，是政府为了提高农民收入，通过政策优惠、搭建投融资平台、提供法律援助等方式，对集群区域范围内的优势农产品经营活动进行扶持，同时引导区域范围外物质资本和人力资本有序回流，为集群区域范围内的企业发展提供全方位的保障[31]。张玉利和陈立新[32]认为，政府改革和开放的系列政策使经济增长加速，市场发展加快，从而使农民的创业机会增加。信继欣和彭华涛[33]得出结论，政府进行政策支持和法律规范及优质服务，创造公平和友好的创业环境，使区域内的农民创业活动得到激发。它和自发型农民集群创业最大的区别就是政府更多地介入到农业集群建设中的公共物品的提供上。

山东兰陵县①有着种菜的历史，是有名的“中国大蒜之乡”“中国牛蒡之乡”。1987 年，农民因卖菜难找到县长，政府和农民携手建市场，闯市场。可以说，兰陵县农民集群创业的成功，政府功不可没，政府的作用无可替代。截至 2020 年，兰陵县拥有 110 万亩②蔬菜种植土地，“三品一标”认证总数 257 个，其中无公害产品 14 个，绿色食品 229 个，有机食品 11 个，中国地理标志产品 3 个，产品产量达 400 万吨，交易市场 48 处，规模物流公司 7 家。全县形成了以经济发展为目的，将生产基地和消费市场联系起来，形成对内不断发展经济，对外不断满足市场需求的良好局面。政府推动和联结着市场，使大量的农民享受集群创业的成果。

---

① 2014 年 1 月 8 日，中国民政部同意并批复苍山县复名为兰陵县。

② 1 亩≈666.7 平方米。

随之，农民的组织化程度、社会化服务和应对市场变化的能力有了新的提高。山东兰陵县逐步认识到只有通过转变增长方式、拓宽发展领域、强化社会化服务、提高农民组织化程度、培育新型农民、培植壮大龙头企业、提高农产品精深加工能力才能有效促进农村经济实现大的突破、超常规跨越式发展。兰陵县从重要环节人手，着力发展构筑农产品加工企业集群，大力培植扶持国家级、省级产业化龙头企业。近年来，兰陵县已建成恒温库、低温库、风冷库300余处，具备保鲜储存近亿公斤的能力，星罗棋布的恒温库和散布在全县村镇的1000余处大小加工企业公司，构筑起具有当地风格的农产品加工集群，形成了独具特色的农副产品深加工系列化生产，农产品附加值位列山东省前20名①。这样，大量农民完成了从自种（养）自销到订单农业的转变，完成了种植（养殖）项目的转变，从单干到集群顺利转型，这是一个典型的农民集群创业过程。

从农民集群创业的实践来看，农民集群创业的演进和我国市场经济、政府体制改革的演进是同步的，在经历了自发型农民集群创业的实践后，合作组织（企业）和政府顺应经济发展，在鼓励、激励和引导农民集群创业过程中起到了积极的作用，形成了合作组织（企业）带动型和政府推动型农民集群创业的新形式。

2.2.4 新经济驱动型

新经济驱动型农民集群创业是进入新时代后农民借助互联网+、电子商务及数字经济等新技术、新平台进行创业的过程。魏国强[34]认为，在特色农业大力发展的前提下，有机结合农村电商与益农信息社，构建线上线下协调联动机制，可以有效促进农民创业，实现工程落地见效强大合力。周振[35]通过调研分析“互联网＋农业”的现实应用，提出关注农业短板，加强政府对电子商务平台的引导监管，优化公共服务与激励政策可以推动“互联网＋农业”的深度发展。刘亚军等[36]得出结论，“互联网＋农户＋公司”的成功依托于资源、时机、市场定位、平台选择，遵循“市场主体、政府引导、因地制宜”原则可以为农民提供良好的集群创业环境。它和农民自发型、合作组织（企业）带动型、政府推动型农民集群创业相互联系，相互区别，相辅相成。

2006年江苏省徐州市睢宁县沙集镇东风村农户利用亲缘、熟人等关系在当地创立首家家具线上网店，大获成功，随后线上模式被当地农户纷纷效仿，集群创业在当地裂变扩张，快速成长。2010年沙集镇线上模式迅速发展，网销产业成为当地特色产业，农户开始注册公司，成立协会，将家具网销产业作为主导产业逐步引向正规化、专业化发展。2011年，沙集镇成为国内最大的农村电商集群，阿里研究院将这一“网络＋农户＋公司”创业形式总结为“沙集模式”。2016年，沙集镇基本实现“各村均为‘淘宝村’”的发展目标，重视企业结构优化升级，关注创新与知识产权保护，注重供应链、产业链与生态良性循环，依托于电子商务、互联网＋等新兴技术为全国农民探索出一条集群创业致富之路②。

① 案例来自《“天下菜园”百万亩“苍山商团”遍江南》《山东苍山农业：积极建设新农村》等。

② 案例来自《沙集电商产业集群发展模式及优化路径探析》《我国淘宝村形成路径和动力研究》等。

新经济驱动型农民集群创业主要依靠互联网、电子商务等新兴技术，顺应新时代经济发展趋势，以新经济带动农民创业，推进农村产业发展融合，同时又可以吸引一部分外来及城市劳动力在农村进行就业创业，反向带动农村经济发展，缩小城乡差距，促进城乡一体化，助力乡村振兴，激发农民创业活力。

2.3 农民集群创业优化的形成与推进

产业集群是一个重要的经济组织现象，其是在同一领域的众多企业因空间聚集而形成的一种产业组织形式，这一组织结构既能够克服单个企业规模扩张带来的内部交易成本过大、对市场反应灵敏度降低、官僚主义等问题，又能减少市场交易风险，提高交易频率，克服市场的固有弊端。将产业集群引申至农村经济的发展，是对农村经济发展模式的一次革新。借助产业集群发展，积极鼓励农民“抱团发展”即集群创业，打造合理的产业布局，进行专业化的明确分工，生产系统协调配合的农业生产管理体系，可能是实现乡村振兴战略的最佳途径之一。

在我国农村要素市场，尤其是土地市场不健全的情况下，农民增收需要开拓新的途径。因为单纯地通过土地改革以图撬动农业经济发展的单方面改革可能将达不到预期，因为土地改革在短期内甚至长期也形不成像改革初期那样对农民有效的激励。况且，在我国现行的家庭农业生产条件下，农村土地制度不可能在短期内有大的变化。要想进一步增加农民收入，改善农民生活，除了大力促进农村劳动力转移外，更重要的是要大力推进农民创业，尤其是农民集群创业。

农民集群创业是新时期的一种农民经济行为。农业产业化是一个或多个相关农副产品项目组织起来的活动，许多实体参与其中，进行生产、加工和销售的整合，在发展过程中逐步形成新的产业链系统。这时的农民生产活动表现出一定的集群性。产业化在分工的基础上，将分散的家庭管理纳入生产和管理系统，并通过将许多分散的生产过程整合到一个社会生产过程中而形成产业系统。此类农民集群式生产必然要求农民打破原有的生产模式，重新选择生产的地点、方式等，这样的过程本身也是农民创业的过程，只不过多了集群性的生产特征。

农业产业集群的巨大效应为农民集群创业优化的形成与推进奠定了有利条件。

2.3.1 风险规避

农民集群创业是一个进化过程，它具有生命周期的特征。当集群面临经济衰退或者解体的风险时，农民集群创业应对潜在的危机时，将会采取集体行动。因此，集群内部同时还存在一些具有集体性的行动去应对风险，即有效规避创业的技术以及市场风险的机制。农民集群经常在基础较弱的工业地区出现。其中大多数是小型和微型企业，包括一些个体工商户。其技术和人才等相应服务系统不完善，技术与经济关联程度低。与此同时，资源市场的竞争尤为激烈。农民工群体创业学习和创新能力要不断提高，为产品研发、流程完善、信息取得和拓宽渠道提供动力支持，从而使群体内部企业家的创新能力得到相应的改善，了解市场需求的能力得到加强，技术因素产生的风险减弱。

2.3.2 集聚效应

农业产业集群将农业资源和农业投入聚集起来，要素的聚集为群体内农民创业提供了有利的基本条件。产业集群的不断发展和完善必然伴随着基础设施的改进，环绕其周围的农民创业群体可以顺利地实现“搭便车”，在追求自身利益不断发展的前提下，可以最大程度降低创业和生产成本。在产业集群的形成过程中，创业农民最需要的基础设施得到了有效的解决，能够吸引农民参与到创业浪潮中来[37]。产业集群的不断聚集，会带来网络条件和网络技术的不断改善和提升。现代社会是由网络组成的多元社会，对于农民个体而言，可以搭乘集群产业形成网络“顺风车”，向全国乃至全世界推销自己的产品，实现收益。随着现代农业的快速发展，供给侧的不断改革，培养新型职业农民成为一项长期稳定的工作，职业农民的合作意愿以及互利意识逐渐提高，专业大户、家庭农场等新型农业经营者不断增加，新型职业农民创业组织发展前景十分广阔[38]。新型职业农民的不断成长为农民集群创业提供了最为基本的人才基础，现代社会是网络化社会，足不出户便可同全国甚至全世界进行商业交易，这就需要懂网络、懂技术的现代职业农民。

2.3.3 扩散效应

农民集群创业能够最大限度地利用集群范围内已形成的各个产业，如生产、加工、销售、物流等，从而降低自身的交易成本，扩大利润空间，形成取长补短、密切合作的生产格局。无论是农民个体还是农民群体，掌握的供给信息和市场需求信息总是不同步的，在无形中就加大了农民创业的风险，农业产业集群的形成和不断成长，为农民集群创业降低了潜在风险，吸引农民在产业集群的基础上进行抱团发展，集群创业。

产业集群在发展过程中无形地建立了一种竞争机制，大大提高了农民干事创业的积极性。在面对外部竞争时，集群内组成部分以集群方式共同面对，在增强自身抗风险能力的同时，也提升了自身的创新能力，获取了成长的内部动力。农民创业是多种因素共同聚集并产生反应的结果，其中包含着劳动力、资本、技术等，当这些因素聚合时，能够吸引相关产业在特定区域进行聚合，逐渐形成产业集群。但是这种聚集并不是简单的、随意的聚集，而是在节约成本、提升效率的原则指导下的科学排列和组合[39]。所以产业集群的形成，可以增强农民创业的竞争能力[40]。这是农民集群创业最大的优势之一。

2.3.4 共同富裕

传统的就业观念和就业模式可以通过农民群体创业改变。在集群内部发展的过程中，集群中的创业就业范围将会增加，不再局限于体力劳动。行业集中会导致管理者的需求量增加。部分生活在农村的常住居民会有双重身份，既是劳动者，又是企业的管理者，这些都会使得他们的就业观念发生重大改变。同时，与之对应的配套商业模式和衍生产业与居民产生合作，促进了集群创业的产生，会导致农村居民的就业方式产生一定程度的改变。随着电子商务的不断崛起，无数农民企业家通过电子商务的渠道售出当地生产的产品，以推动收入的增加。

3 农民集群创业的实现

为了更好地促进农民集群创业，在全社会形成农民创业的激励体系，需要在以下方面做出努力。

一是积极鼓励创业并加强创业辅导。意识指导着行为，在农民群体内，小农意识普遍存在，同时农民抗风险能力较差，因此政府应该通过设计政策扶持、税收优惠、项目补贴等方式，多途径鼓励农户创业；同时应设立“农民夜校”，搭建创业“信息共享站”，在平台上为农户提供创业咨询、技术培训、资金扶持、政策优惠等服务。加大对农民技术的培训力度，促使农民向拥有高知识、高文化、高技能的现代农民转变，使农民能够更加清晰地认识到现代商业的特点，促进农民创业的进程和能力。同时，还应积极鼓励当地农户从事多种不同类别的产业开发，形成较为完整的产业链条。

二是完善创业机制。创业机制的完善与否，对产业集群范围内农民创新的积极性具有重要的影响。完善的创业机制和保障机制，能够最大限度地使创业农户卸下心理包袱，解决创业失败的后顾之忧，促使农户坚定在政府有效引导和产业集群的基础上发展相关产业。完善创业机制，能够为提高农户创业能力提供可能性，促进农户创业成功的概率。完善创业机制，能够培育创业精神，摒弃小富即安的安逸心态，为农民集群创业提供不竭的发展动力，也必将推动产业集群乃至当地区域经济、社会的发展。同时，政府应该积极建立健全协调机制，积极出面，形成相关机制，解决区域之间的协调问题，为农民集群创业“保驾护航”。

三是完善以特色农产品为主的产业链发展模式。“一村一品”为核心的乡村经济振兴已经实行过多年，拥有较为成熟的经验和发展路径。农村产业发展链条可分为横向联合和纵向延伸两种模式，前者是根据农业产品的区位优势，与邻近区域的优势农产品进行联合，形成农产品联合经营，降低单个农产品经营风险和生产成本；纵向延伸主要是指将农产品进行深度加工，更大程度发掘农产品内部价值，实现更多收益。

四是积极推动农民集群创业多模式协调发展。农民集群创业模式大致可分为农民自发型、合作组织（企业）带动型、政府推动主导型、新经济驱动型，在新时代背景下，经济多元发展已经成为不争的事实。政府完全放开，只是做好“守夜人”的角色，并不适合农民集群创业的客观事实。因而，政府应该搭建合适的交流平台，从而能够促使农民、企业和政府之间进行信息共享以“抱团发展”，降低经营风险和生产成本，形成多种模式协调发展的全新局面，从根本上提高农村居民收入，实现乡村振兴。

参考文献

[1] 周蓄华. 转型期我国农民创业：行为、风险及激励[D]. 重庆：西南大学，2012.

[2] 吴昌华，邓仁根，戴天放，等. 基于微观视角的农民创业模式选择[J]. 农村经济，2008，(6)：90-92.
[3] 郭军盈. 中国农民创业问题研究[D]. 南京：南京农业大学，2006.
[4] 韦吉飞. 新形势下农民创业问题研究[D]. 杨凌：西北农林科技大学，2010.
[5] 罗明忠. 个体特征、资源获取与农民创业——基于广东部分地区问卷调查数据的实证分析[J]. 中国农村观察，2012，(2)：11-19.
[6] 朱明芬. 农民创业行为影响因素分析——以浙江杭州为例[J]. 中国农村经济，2010，(3)：25-34.
[7] 傅春，张明林. 资源禀赋对农民创业行为影响的实证分析——以江西省为例[R]. 2008 年南昌大学中国中部经济发展研究中心学术年会暨中部区域发展与理论创新研讨会，2008.
[8] 蒋建勇，郭红东. 创业氛围、社会网络和农民创业意向[J]. 中国农村观察，2012，(2)：20-27.
[9] 张玉利，陈寒松. 创业管理[M]. 北京：机械工业出版社，2008：14-59.
[10]李新春，叶文平，朱沆. 牢笼的束缚与抗争：地区关系文化与创业企业的关系战略[J]. 管理世界，2016，(10)：88-102.
[11]罗明忠，邹佳瑜，卢颖霞. 农民的创业动机、需求及其扶持[J]. 农业经济问题，2012，(2)：14-18.
[12]罗明忠，罗琦. 家庭禀赋对农民创业影响研究[J]. 经济与管理评论，2016，(5)：13-19.
[13]石智雷，杨云彦. 家庭禀赋、农民工回流与创业参与——来自湖北恩施州的经验证据[J]. 经济管理，2012，(3)：151-161.
[14]吴文锋，吴冲锋，刘晓薇. 中国民营上市公司高管的政府背景与公司价值[J]. 经济研究，2008，(7)：130-141.
[15]罗党论，刘晓龙. 政治关系、进入壁垒与企业绩效——来自中国民营上市公司的经验证据[J]. 管理世界，2009，(5)：97-106.
[16]杨婵，贺小刚，李征宇. 家庭结构与农民创业——基于中国千村调查的数据分析[J]. 中国工业经济，2017，(12)：170-188.
[17]汪洋. 以双新双创促进乡村振兴[J]. 中国农民合作社，2017，(12)：5.
[18]陈瑶，李敏. 社会网络视角下农民工创业互助组织发展探析[J]. 南京工业大学学报(社会科学版)，2013，(4)：127-132.
[19]王肖芳. 农民工返乡创业集群驱动乡村振兴：机理与策略[J]. 南京农业大学学报（社会科学版），2018，18（6)：101-108.
[20]张怀英. 农村创业助推乡村振兴的模式选择及其实现机制[J]. 吉首大学学报(社会科学版)，2018，39：92-98.
[21]储霞玲，黄修杰. 农业产业集群创新网络研究进展[J]. 科技管理研究，2017，(13)：24-29.
[22]李继红，宋一淼. 我国农业产业集群发展模式之探讨[J]. 农村经济，2007，(4)：41-43.
[23]曹邦英，涂文明. 基于优势农业集群、循环经济的新农村建设路径研究[J]. 社会科学研究，2006，(4)：52-55.
[24]周雪松，刘颖. 我国农业产业集群式发展研究[J]. 农业经济问题，2007，(S1)：37-40.
[25]张迪，李铜山. 论现代农业产业集群创新发展的网络结构[J]. 现代商贸工业，2018，(9)：8-9.
[26]李莉. 农业产业集群：欠发达地区第一产业发展的价值取向[J]. 齐鲁学刊，2007，(6)：158-160.
[27]张霞，蔡根女. 农业产业集群：新农村建设的有效路径——湖北省罗田板栗产业集群分析[J]. 林业经济，2007，(11)：37-40.

[28]刘振滨，朱巧环. 农业产业集群发展分析及竞争力塑造[J]. 现代企业，2018，（2）：60-61.
[29]叶依广，季漫云. 基于个案的区域农业集群成长思考[J]. 南京农业大学学报，2006，29（1）：121-126.
[30]朱泓宇，李扬，蒋远胜. 发展村社型合作金融组织推动乡村振兴[J]. 农村经济，2018，（1）：21-27.
[31]乔金杰，赵旭强，齐秀辉. 城乡发展一体化对农业产业集群影响的门槛效应[J]. 经济问题，2017，（3）：50-55.
[32]张玉利，陈立新. 中小企业创业的核心要素与创业环境分析[J]. 经济界，2004，（3）：29-34.
[33]信继欣，彭华涛. 创业环境的特性及形成机理[J]. 企业改革与管理，2007，（2）：20-21.
[34]魏国强. 关于河南省实施“互联网 +”农产品出村进城工程的思考[J]. 种业导刊，2020，（2）：17-20.
[35]周振. 原始农业与现代互联网技术的碰撞——当前“互联网＋农业”应用现状、问题与对策[J]. 中国经贸导刊，2018，（3）：56-59.
[36]刘亚军，陈进，储新民. “互联网＋农户＋公司”的商业模式探析——来自“淘宝村”的经验[J]. 西北农林科技大学学报（社会科学版），2016，16（6）：87-93.
[37]刘力，阮荣平. 农村产业集群的形成与农民创业分析——以山东省青州市南张楼村为例[J]. 乡镇经济，2008，（8）：63-66.
[38]樊梦瑶，张亮. 新型职业农民创业联盟发展趋势[J]. 合作经济与科技，2018，（2）：106-108.
[39]李朝晖，韩姝冰. 农民创业要素集聚机制及区位路径选择[J]. 湖南农业大学学报（社会科学版），2017，（1）：1-6.
[40]尹成杰. 新阶段农业产业集群发展及其思考[J]. 农业经济问题，2006，（3）：4-7，79.

Farmer Cluster Entrepreneurship and Rural Revitalization: Theory and Practice

Huang Wen

（School of Management, Northwest University of Political Science and Law, Xi 'an 710061, China）

Abstract: From the practice of farmer cluster entrepreneurship in China, the farmer cluster entrepreneurship has experienced the farmer spontaneous type, cooperative organization（enterprise）driven type, government driven type and new economy driven type. The result shows: agricultural cluster development builds a platform for farmers' cluster entrepreneurship. Farmers take advantage of the agglomeration and diffusion effect of industrial cluster to carry out cluster entrepreneurship, make full use of rural social network, promote information circulation and exchange, and reduce the cost of entrepreneurship. Farmers cluster entrepreneurship for the implementation of the rural revitalization strategy provides a new idea. the government has played a positive role, accurate positioning the government role, put forward the path of entrepreneurial success increase farmer cluster, cluster entrepreneurship provide beneficial guidance to farmers.

Keywords: farmer cluster entrepreneurship; agricultural clustering; farmers entrepreneurship; rural revitalization

组织双元学习对企业颠覆性创新绩效的影响
——STI与DUI的对比研究*

王志玮[1]，魏丽灿[1]，叶凌峰[1]，林宇晗[2]

（1. 福州大学 经济与管理学院，福州 350108；2. 华威大学 商学院，考文垂 CV47AL）

摘要： 遵循情境化研究思路，探讨了在科技驱动型和经验驱动型行业中探索性学习、利用性学习以及两者交互效应对企业颠覆性创新绩效的影响。基于208家企业样本数据的实证研究发现：探索性学习正向影响颠覆性创新绩效；利用性学习对颠覆性创新绩效无显著影响；在科技驱动型行业中，探索性与利用性学习的交互作用负向影响颠覆性创新绩效；而在经验驱动型行业中，两类学习的交互作用正向影响颠覆性创新绩效。

关键词： 双元学习；颠覆性创新；创新绩效；探索性学习；利用性学习

中图分类号：F270.7　　　**文献标识码：A**

1　研究背景

颠覆性创新是暂处劣势企业实现竞争超越的有效战略，特别是对于身处行业低端市场的广大中国企业来说，这种竞争策略更具现实意义。该策略通过为客户提供“简单、够用、便捷”价值属性，从低端市场或新市场切入，最终达到颠覆或部分替代主流市场的创新目标[1]。利用新兴市场丰富的“金字塔底部”资源，依靠技术范式转变带来的“非线性打击”力量，主观能动地把握颠覆性创新，是我国后发企业实现跨越式发展的重要战略路径[2]。

然而，实现颠覆性创新的市场颠覆，并不是每个新进入或低端进入企业的必然结果，它需要相应的组织学习行为和能力予以支持实现[3]。组织双元学习，即探索性学习和利用性学习，遵循不同的学习行为逻辑[4]。企业通过探索性学习捕获新机会、发展新业务、开发新产品，以

* 基金项目：国家社会科学基金一般项目“数字技术驱动的企业颠覆性创新机会识别机制研究”（21BGL067）。

作者简介：王志玮（1979—），女，福建仙游人，福州大学经济与管理学院副教授，博士，研究方向为颠覆性创新机会识别；魏丽灿（1997—），女，四川遂宁人，福州大学经济与管理学院硕士研究生，研究方向为颠覆性创新；叶凌峰（1993—），男，福建诏安人，福州大学经济与管理学院博士研究生，研究方向为颠覆性创新与生态系统；林宇晗（1999—），男，福建福州人，华威大学商学院硕士研究生，研究方向为创新管理。

灵敏应对客户需求变化和外部环境动荡；通过利用性学习挖掘现有技术、现有业务、现有产品的应用，以获取稳定收益[5]。

近年来，学者围绕组织双元学习与创新绩效的关系开展了许多研究，但这些研究并未达成一致结论。研究争议集中体现在两个方面。一是双元学习内部之间的关系。一些学者认为探索性学习与利用性学习是对立关系[4, 6, 7]，另一些学者则认为两者是互补关系[8]。二是双元学习是否影响、如何影响企业创新绩效。有学者认为双元学习正向提升创新绩效[9]；有的研究表明，双元学习负向影响创新绩效[4, 7]；还有研究认为，双元学习并不直接影响创新绩效[8]。造成观点分歧的一个重要原因在于以往研究对创新绩效的界定流于一般化，尚缺乏聚焦于特定的创新类型，而不同类型的创新具有不同的属性，笼统地以“创新”作为研究对象阻碍了学术观点的收敛。此外，学者考察的情境并不一致，情境化是组织双元研究的重要范式之一[10]，但建立在聚焦化基础上的情境化研究更有意义。为了促进对双元学习与创新关系的理解，弥合多样分歧的观点，为中国企业实施颠覆性创新战略提供有益理论指导，本文将聚焦于颠覆性创新这个研究客体，探讨双元学习影响颠覆性创新的实现机制，并以行业差异检验这一理论关系的边界条件，力图为身处金字塔底端市场的我国不同行业企业实现转型升级提供一条可供参考的发展路径。

2 理论基础

2.1 颠覆性创新

颠覆性创新是指企业基于够用技术原则，在新技术或各种技术融合、集成的基础上，偏离主流市场用户重视的绩效属性，引入低端用户或新用户看重的绩效属性或属性组合的产品或服务，通过先占领低端市场或新市场，或者通过商业模式创新，拓展现有市场或开辟新的市场，引起部分替代或颠覆现有主流市场的产品或服务的一类不连续性创新[11]。

通过创造新产业改变现有产业竞争格局，颠覆性创新给企业开展创新管理活动带来新的挑战和机遇。成熟企业可能忽视颠覆性创新，从而为初创企业或后发企业提供技术跨越、后发追赶的“机会窗口”[12, 13]。后者可以通过简化或重组成熟技术推出产品结构更简单、价格更低廉的新产品，从而迅速占领低端市场和边缘市场，并进而颠覆原行业在位优势企业的领导地位，颠覆或部分替代主流市场产品，推动产业演变[14]。

然而，颠覆性创新理论还有许多问题尚未解决，理论体系仍需完善。从现有研究来看，不少文献是建立在“颠覆性创新已经发生”的假设基础上进一步分析在位企业如何应对颠覆性创新的威胁和挑战，而对于组织开展颠覆性创新的条件、途径及其适用性等问题则鲜少涉及[15, 16]，特别是支持颠覆性创新的组织学习机制有待进一步研究[3]。

2.2 组织双元学习

组织双元概念最早由 Duncan[17]提出，但直到 March[4]将该概念引入组织学习之后，组织双元才引起学术界广泛讨论。组织双元描述了组织通过实施看似矛盾或竞争的战略行为而兼获短期和长期收益[18]。如果组织具有某种双元性，它能同时充分挖掘已有知识资源和搜寻新机会以获取不同的竞争优势，有效应对外部环境的动荡。

组织双元学习表现为探索性与利用性学习的互动。两类学习方式的行为逻辑迥异。探索性学习体现为“搜寻、冒险、试验、创造”等行为，而利用性学习则反映为“改进、生产、执行、效率”等行为[4]。两种学习方式是对立还是互补关系？这一问题成为学者讨论的焦点。一些学者基于企业资源有限的假设，指出两种学习模式会共同竞争组织的稀缺资源[4, 6, 7]，因此它们之间应是对立关系。另一些学者则指出，探索和利用既存在矛盾和冲突，又具有潜在协同性，如果企业过分注重探索性学习可能导致“失败陷阱”[4]，而过分注重利用性学习则容易陷入“能力陷阱”[19]，因此它们之间应是互补关系。

大量文献表明，探索性与利用性学习都能显著提升企业创新绩效[9]。因此，对组织双元学习之间互动关系的争论进一步演化为另一个争论：组织双元学习如何影响企业创新绩效。一些学者认为，水平相当的探索活动和利用活动对企业创新绩效可能最有利[20]。另一些学者认为，水平相当的匹配可能不是最好的匹配方式，而一高一低的匹配有可能更优[7]。还有学者通过实证研究发现，探索性与利用性学习的交互作用对企业创新绩效没有显著影响[8]。对企业而言，受情境因素影响，探索性与利用性学习的最佳匹配或组合确实很难把握。例如，Li 和 Yeh[21]在对 153 家中国制造企业数据进行实证分析的基础上，发现探索性和利用性学习对新产品项目绩效的影响会受到创新导向能力的调节作用；王海花[22]通过对国内信息技术或互联网技术相关企业问卷数据进行分析，指出技术复杂性负向调节组织双元学习对企业创新绩效的影响中发挥着负向的调节作用。

2.3 科技驱动型行业与经验驱动型行业

不同行业中，由于技术来源、知识流动与溢出程度、可转移性不同[23]，组织开展学习活动的形态与方式、实施的创新战略、组织学习提升创新绩效的机理皆大相径庭。基于知识基础与技术学习的差异，从组织学习视角看，行业类型可划分为科技驱动型行业（science-technology-driven industries，STI）和经验驱动型行业（experience by doing，using and interaction driven industries，DUI）两大类[24, 25]。科技驱动型行业是指创新过程以显性的科学技术知识为基础的行业，而经验驱动型行业则是指创新过程以隐性的生产制造和使用过程中积累的技术诀窍为基础的行业[25]。基于行业情境变量的研究，可以更为深入地探索不同行业中组织双元学习对不同类型创新绩效的影响机制，从而为不同行业类型的企业提供更有针对性的组织学习能力培育与提升对策。

综上所述，本文遵循聚焦化和情境化两条研究思路，通过将创新聚焦在颠覆性创新这一特定领域内，试图回答下述两个问题：第一，组织双元学习如何影响企业颠覆性创新绩效；第二，在不同行业中，特别是在科技驱动型和经验驱动型行业中，组织双元学习对颠覆性创新绩效的影响机制有何差异。

3 假设提出

3.1 科技驱动型行业中组织双元学习对颠覆性创新绩效的影响

在科技驱动型行业中，探索性学习对颠覆性创新的支持作用尤其明显。科技驱动型行业企业具有技术密集、创新强度较高等特征[24]，其产品大多属于知识密集型，知识更新速度快、客户需求多样化[26]。企业在创新活动中往往以研发为基础，主要产生并使用以科学为基础的显性知识。知识基础理论认为，显性知识可编码化程度高，黏性小，很容易穿越时空限制进行传播和获取[10]。而探索性学习是组织从外部获取知识的学习过程[26]，这种学习方式更注重采取开放的态度从外界汲取研发创新所需的显性知识以快速开发新产品、满足新市场需求[27]。总之，在科技驱动型行业中企业需要通过开展探索性学习，追求与现有技术差别较大的或全新的技术，建立差异化竞争优势[28]，从而有助于提升企业颠覆性创新绩效。

在科技驱动型行业中，利用性学习与颠覆性创新的矛盾凸显。利用性学习是基于公司现有技术能力进行的本地搜寻[4]，其更倾向于沿着企业已有的知识结构和体系，挖掘和利用企业内部已有的知识，聚焦于现有产品的持续改进，通过渐进的维持性创新提高现有市场表现，容易忽略对全新知识的探索[26]。Atuahene-Gima[29]指出，利用性学习不利于企业实现技术突破。弋亚群等[30]也认为，利用性学习依赖于企业原有技术轨迹和流程从而限制了技术突破。利用性学习行为导向的企业在面对科技驱动型行业外部环境的迅速变化时，容易陷入路径依赖和组织惯性，忽视颠覆性创新的机会窗口[13]。因此，本文提出如下假设。

H1：在科技驱动型行业中，探索性学习正向影响颠覆性创新绩效。

H2：在科技驱动型行业中，利用性学习负向影响颠覆性创新绩效。

探索性与利用性学习的交互如何影响企业创新绩效？文献回顾发现，两种观点同时存在：平衡观和取舍观。平衡观认为，探索性与利用性学习各有优点，不可偏废，应该平衡利用。高度依赖利用性学习会导致“能力刚性”、路径依赖和发展轨迹锁定现象；高度依赖探索性学习则可能让企业陷入“失败陷阱”。根据该观点，探索性与利用性学习在影响企业创新绩效方面应发挥互补作用，即两者的交互正向影响企业创新绩效[9]。取舍观则认为两种学习方式存在内在逻辑冲突，与其寻求艰难的平衡，不如“良禽择木而栖”。据此，探索性与利用性学习应发挥替代性作用，即两者的交互负向影响企业创新绩效[7]。

颠覆性创新，既依赖于探索性学习，也离不开利用性学习。但在科技驱动型行业中，探索性学习对颠覆性创新的贡献尤为突出。在科技驱动型行业中，企业的首要任务是通过搜索和构建新知识、建立新范例，以快速研发新产品、开发新市场[24]。相反，依赖于利用性学习容易使企业固守一条陈旧甚或锁定的发展轨迹，使之陷入路径依赖中，难以适应科技驱动型行业迅速变化的外部环境。因此，本文认为，在科技驱动型行业中，企业要在探索性学习与利用性学习中做出取舍，在组织学习上以探索性学习为主导，从而有效支持颠覆性创新活动的开展。

H3：在科技驱动型行业中，探索性学习和利用性学习的交互作用负向影响颠覆性创新绩效。

3.2 经验驱动型行业中组织双元学习对颠覆性创新绩效的影响

在经验驱动型行业中，企业通过探索性学习能够捕获新机会、远距离搜寻新的业务、发现新的技术知识和能力[5]。因此，在经验驱动型行业中，探索性学习对颠覆性创新的积极作用同样存在。

在经验驱动型行业中，企业自身开展的基础性研究相对于科技驱动型行业企业来说较少[24]，主要以企业与用户和供应商等利益相关者在持续进行交互的活动中遇到的问题，或者员工在产品加工制造过程中遇到的问题为基础，通过搜寻解决问题的方法和途径来完成其创新活动[24]。在这一过程中，隐性知识通常成为其解决问题的主要知识基础。知识基础理论指出，隐性知识根植于个体、组织等不同层面的交互之中，它不能被清楚明晰地表达和描述，因此较难实现远距离传播和转移而多在内部利用[31]。利用性学习本质是对企业内部现有已知事物的开发与应用，是现有知识、能力的提炼与拓展，因此这种组织学习方式有助于充分挖掘和利用企业内部的隐性知识。此外，企业进行利用性学习，可以充分缩减生产成本，拓宽当前市场机会，从而有利于基于低端市场的颠覆性创新。总之，本文提出如下假设。

H4：在经验驱动型行业中，探索性学习正向影响颠覆性创新绩效。

H5：在经验驱动型行业中，利用性学习正向影响颠覆性创新绩效。

在经验驱动型行业中，隐性知识的资产专用性使得企业知识不容易转移和泄露[24]，因此企业应经常开展利用和挖掘隐性知识的活动。同时，为了避免因为过度强调利用性学习而导致的“能力陷阱”，提升对外部环境动荡的适应性，企业应同时进行探索性学习和利用性学习，获取不同的知识和技术以实现生存和发展。利用性学习促使企业不断挖掘现有的知识和资源，这恰好是企业进行探索性学习的前提，而探索性学习所获得的新知识又为下一轮利用性学习提供了基础[26]。因此，这两种学习方式具有不同的优势和劣势，若能找到平衡点或实现两种学习方式共存，扬长避短，将有利于企业实现颠覆性创新[32]。为此，本文提出如下假设。

H6：在经验驱动型行业中，探索性学习与利用性学习的交互作用正向影响颠覆性创新绩效。

4 研究方法

4.1 数据来源

本文研究通过问卷调查的方法收集数据。调研范围以创新能力相对较强的东部区域为主，包括北京、上海、浙江、福建和江西，涉及华南、华北和华东等经济发达地区，在一定程度上避免了地区差异导致的数据结果偏差。问卷采用书面问卷和电子问卷两种形式，且问卷的填写者主要为工作两年以上的高层领导、战略规划部门主管或经理、研发部经理以及核心项目负责人。

问卷的数据采集工作于 2017 年 7 月至 2018 年 9 月进行。在正式问卷调查前，本文研究对符合要求的 40 位高管进行小样本测试，并及时与被调查者交流，对问卷中不够恰当的表述进行了调整。在正式调研中，通过各省市经济贸易委员会、各地区的经济开发区管理委员会等渠道发放了 300 份问卷，剔除不符合要求的问卷后，得到 208 份问卷，有效回收率为 69.3%。t 检验结果表明，先后回收的两批样本数据在企业年龄、企业规模、企业所有权、探索性学习、利用性学习、颠覆性创新绩效等变量方面均不存在显著差异（$p>0.05$）。因此，本文研究不存在显著的无响应偏差。

4.2 变量测度

借鉴 Govindarajan 和 Kopalle[33]的颠覆性创新绩效测度量表，并基于对中国本土企业颠覆性创新实践的理解，我们从 5 个题项来衡量颠覆性创新绩效。对探索性和利用性学习的测量源自 He 和 Wong[34]、Atuahene-Gima 和 Murray[7]的量表。以上变量均采用利克特 5 点量表进行测量。

本文收集的 208 份问卷中，按行业类型分类得到科技驱动型行业的样本企业 105 个，经验驱动型行业的样本企业 103 个。本文的控制变量选取：①企业所有权，包括国有企业、集体企业、三资企业、民营企业和其他五类；②企业年龄，分为 5 年及以下、6～10 年、11～15 年、16～20 年、21 年及以上五类；③企业规模，分为 1～99 人、100～499 人、500～999 人、1000～3000 人、3000 人以上五类。

4.3 信度与效度

本文采用 Cronbach's α 系数以检验量表的信度，采用 AMOS 和最大似然估计法进行验证性因子分析（confirmatory factor analysis，CFA）以检验量表的效度。在 CFA 中，本文参考了温忠麟等[35]的研究，结合使用绝对拟合指数和相对拟合指数，选取 χ^2/df、RMSEA、GFI（goodness-of-fit index，拟合优度指数）、NFI、CFI 五类广泛认可和使用的评价指标。

表 1 和表 2 显示，在科技驱动型和经验驱动型行业中，组织双元学习模式和颠覆性创新绩效的 Cronbach's α 系数值均大于 0.7，说明量表具有良好的信度。表 3 显示，各变量的 CFA 模型均具有较好的拟合度，结构效度良好。

表 1 信度检验（科技驱动型行业）

变量	题项	因子载荷	Cronbach's α 系数值
探索性学习	我们经常获取全新的产品和技术有关的知识和技能	0.877	0.866
	我们经常学习行业内全新的开发技术和流程	0.858	
	我们公司成员常常提出新的想法	0.865	
	我们经常获取全新的管理与组织方法	0.677	
利用性学习	我们经常升级与现有产品和技术有关的知识和技能	0.763	0.837

续表

变量	题项	因子载荷	Cronbach's α 系数值
利用性学习	我们往往改进和升级现有产品的开发流程	0.839	0.837
	我们经常增强解决客户问题的能力	0.852	
	我们反复利用成熟的管理方法来提高生产率	0.649	
颠覆性创新绩效	在过去五年内，业务单元开发的新产品/服务极具颠覆性创新的特点	0.842	0.786
	业务单元极少开发颠覆性新产品/服务或采取颠覆性商业模式（反向）	0.796	
	在引入颠覆性创新方面，业务单元远落后于同行竞争对手（反向）	0.657	
	在过去五年内，业务单元开发的新产品/服务或采取的新商业模式对低端客户、非主流客户、特定细分市场客户极具吸引力	0.722	
	在过去五年内，业务单元原本针对低端市场开发的新产品/服务随时间推移，能逐渐满足主流市场客户的需求，从而吸引相对高端市场客户转向选择新的产品/服务	0.639	

表 2 信度检验（经验驱动型行业）

变量	题项	因子载荷	Cronbach's α 系数值
探索性学习	我们经常获取全新的产品和技术有关的知识和技能	0.881	0.840
	我们经常学习行业内全新的开发技术和流程	0.726	
	我们公司成员常常提出新的想法	0.874	
	我们经常获取全新的管理与组织方法	0.651	
利用性学习	我们经常升级与现有产品和技术有关的知识和技能	0.782	0.856
	我们往往改进和升级现有产品的开发流程	0.862	
	我们经常增强解决客户问题的能力	0.805	
	我们反复利用成熟的管理方法来提高生产率	0.777	
颠覆性创新绩效	在过去五年内，业务单元开发的新产品/服务极具颠覆性创新的特点	0.773	0.784
	业务单元极少开发颠覆性新产品/服务或采取颠覆性商业模式（反向）	0.687	
	在引入颠覆性创新方面，业务单元远落后于同行竞争对手（反向）	0.618	
	在过去五年内，业务单元开发的新产品/服务或采取的新商业模式对低端客户、非主流客户、特定细分市场客户极具吸引力	0.798	
	在过去五年内，业务单元原本针对低端市场开发的新产品/服务随时间推移，能逐渐满足主流市场客户的需求，从而吸引相对高端市场客户转向选择新的产品/服务	0.783	

表 3 效度检验

行业	变量	χ^2/df	RMSEA	GFI	NFI	CFI
科技驱动型行业	组织双元学习	1.728	0.076	0.900	0.890	0.927
	颠覆性创新绩效	2.128	0.091	0.901	0.919	0.907
经验驱动型行业	组织双元学习	2.390	0.081	0.908	0.901	0.912
	颠覆性创新绩效	3.107	0.101	0.936	0.901	0.905

5 研究结果

表 4 和表 5 显示，在科技驱动型行业和经验驱动型行业中，探索性学习和颠覆性创新绩效都具有正向显著的相关性（$p<0.01$）；而利用性学习与颠覆性创新绩效之间则没有显著相关性（$p>0.1$）。

表 4 相关性分析（科技驱动型行业）

变量	均值	标准差	1	2	3	4	5	6
1. 企业年龄	22.120	19.668						
2. 企业规模	3 298.430	12 642.200	0.447**					
3. 企业所有权	2.610	1.504	0.114	0.155				
4. 探索性学习	4.081	0.666	0.004	0.120	0.084			
5. 利用性学习	3.588	0.812	0.077	0.028	−0.069	0.001		
6. 颠覆性创新	3.276	0.702	−0.006	0.078	0.039	0.290**	−0.051	

**表示显著性水平 $p<0.01$（双尾检验）

表 5 相关性分析（经验驱动型行业）

变量	均值	标准差	1	2	3	4	5	6
1. 企业年龄	17.040	17.170						
2. 企业规模	2898.940	6347.800	0.226**					
3. 企业所有权	1.990	1.016	−0.143	0.060				
4. 探索性学习	4.002	0.634	−0.057	0.085	0.060			
5. 利用性学习	3.393	0.807	−0.138	0.074	−0.156	0.000		
6. 颠覆性创新	3.093	0.690	−0.062	0.027	0.272**	0.309**	0.035	

**表示显著性水平 $p<0.01$（双尾检验）

本文采用逐层回归分析法验证假设。在表 6 和表 7 中，模型 1 只有控制变量，模型 2 中加入探索性学习，模型 3 中加入利用性学习，模型 4 中加入探索性学习和利用性学习的交互项。各模型中变量的 VIF 值介于 1 和 10 之间，说明变量间不存在明显的多重共线性，根据以标准化预测值为 *X* 轴而以标准化残差为 *Y* 轴所绘制的散点图来看，数据呈无序状态，表明不存在异方差问题。同时，各模型 DW 值（科技驱动型行业显示为 2.117，经验驱动型行业为 1.544）均处于 1.5～2.5，因而该数据不存在序列相关问题。此外，探索性因子分析结果显示，最大特征根解释了低于 30%的变异，因此共同方法偏差问题不明显。

表 6 回归分析的结果（科技驱动型行业）

变量	模型 1	模型 2	模型 3	模型 4
企业年龄	–0.187*	–0.152	–0.144	–0.140
企业规模	0.864*	0.690*	0.678*	0.619*
企业所有权	0.072	0.060	0.056	0.095
探索性学习		0.130**	0.130**	0.173***
利用性学习			–0.06	–0.168*
探索性学习×利用性学习				–0.062*
模型统计量				
R^2	0.073	0.140	0.144	0.183
调整后的 R^2	0.045	0.104	0.1	0.131
F 统计值	2.570	3.946	3.241	3.547
ΔR^2	0.073	0.067	0.004	0.039
ΔF	2.570*	7.558**	0.502	4.448*

注：表中的数值是标准化回归系数

*、**、***分别表示 $p<0.10$、$p<0.01$ 和 $p<0.001$

表 7 回归分析的结果（经验驱动型行业）

变量	模型 1	模型 2	模型 3	模型 4
企业年龄	–0.089	–0.049	–0.034	0.002
企业规模	–0.008	–0.061	–0.067	–0.049
企业所有权	0.256*	0.243*	0.255**	0.270
探索性学习		0.141**	0.142**	0.166***
利用性学习			0.057	0.106
探索性学习×利用性学习				0.147***
模型统计量				
R^2	0.084	0.166	0.170	0.270
调整后的 R^2	0.054	0.129	0.124	0.221

续表

变量	模型 1	模型 2	模型 3	模型 4
F 统计值	2.801	4.513	3.695	5.497
ΔR^2	0.084	0.082	0.005	0.100
ΔF	2.801*	8.927**	0.516	12.207***

注：表中的数值是标准化回归系数

*、**、***分别表示 $p<0.10$、$p<0.01$ 和 $p<0.001$

表 6 显示，在科技驱动型行业中，模型 1 显著（$F=2.570$，$p<0.1$），企业年龄与颠覆性创新绩效具有显著负效应（$\beta=-0.187$，$p<0.1$），而企业规模与颠覆性创新绩效具有显著正效应（$\beta=0.864$，$p<0.1$）。模型 2 显著（$F=3.946$，$p<0.01$），探索性学习正向影响颠覆性创新绩效（$\beta=0.130$，$p<0.01$），因此，H1 成立。模型 3 不显著，利用性学习对颠覆性创新绩效无影响（$p>0.1$），因此，H2 不成立。模型 4 显著（$F=3.547$，$p<0.1$），探索性学习和利用性学习的交互项负向影响颠覆性创新绩效（$\beta=-0.062$，$p<0.1$），因此，H3 成立。

表 7 显示，在经验驱动型行业中，模型 1 显著（$F=2.801$，$p<0.1$），企业年龄和企业规模与颠覆性创新绩效无影响，而企业所有权性质正向影响颠覆性创新绩效（$\beta=0.256$，$p<0.1$）。模型 2 显著（$F=4.513$，$p<0.01$），探索性学习正向影响颠覆性创新绩效（$\beta=0.141$，$p<0.01$），因此，H4 成立。模型 3 不显著，利用性学习对颠覆性创新绩效无影响（$p>0.1$），因此，H5 不成立。模型 4 显著（$F=5.497$，$p<0.001$），探索性学习和利用性学习的交互项正向影响颠覆性创新绩效（$\beta=0.147$，$p<0.001$），因此，H6 成立。

6 结论与启示

6.1 理论贡献

组织双元学习如何影响企业创新绩效？本文聚焦于颠覆性创新这一特定创新类型，遵循情境化研究思路，探索在不同的行业中，探索性学习、利用性学习以及两者的互动对企业颠覆性创新绩效的影响。基于 208 家企业的样本数据，对所提假说进行了实证检验。研究结论如下：第一，探索性学习在颠覆性创新中发挥积极作用；第二，利用性学习对企业颠覆性创新绩效无显著影响；第三，在科技驱动型行业中，两类学习的交互作用负向影响颠覆性创新绩效，而在经验驱动型行业中，两类学习的交互作用正向影响颠覆性创新绩效。

本文的理论贡献主要体现在以下两个方面。

第一，从组织双元学习的视角完善颠覆性创新理论体系。颠覆性创新是创新管理领域一个重要的研究话题，但理论框架并不成熟，从现有文献来看，不少研究主要是基于“颠覆性创新已经发生”的前提假设下来进一步分析在位企业如何应对颠覆性创新的威胁和挑战，而对于颠覆性创新的前因则鲜少涉及[15, 16]。如何提升企业颠覆性创新绩效是该领域亟待解决的重要理论问题，本文从组织双元学习视角切入，探讨两类学习方式及其互动对颠覆性创新的影响机制，从而发展了以往研究。研究结果表明，与 Benner 和 Tushman[6]的结论相似，在两类行业中，探索性学习均有利于颠覆性创新绩效。同时，本文研究还发现在经验驱动型行业中两类学习互动正向影响颠覆性创新绩效，该发现支持了 Tushman 和 O'Reilly[9]的观点，反驳了 March[4]以及 Atuahene-Gima 和 Murray[7]认为两者交互负向影响创新绩效的结论。

第二，进一步发展组织双元学习与企业创新绩效研究。本文从两方面发展了组织双元学习与创新绩效这一学术对话。①聚焦化。已有文献大多笼统分析组织双元学习与创新绩效之间的关系，然而创新的内涵很丰富，不同的创新方式所需的学习机制不同。与以往研究不同，本文聚焦于颠覆性创新这一特定的创新类型，研究的针对性更强，讨论得更深入，因而研究结论的可靠性和借鉴价值更大。②聚焦基础上的情境化。虽然以往研究已认识到组织双元学习会对创新产生影响，但是从不同行业类型来分析二者之间关系的文献较少。本文从不同行业视角出发，系统分析了组织双元学习对颠覆性创新的影响机制，弥补了这一缺憾。研究结果表明，行业作为一个重要的情境变量，会对双元学习与创新绩效尤其是颠覆性创新绩效之间产生影响，不同行业对组织学习的要求不同，这为不同行业类型的企业利用组织学习开展颠覆性创新提供了有益的参考。

6.2 实践启示

本文研究结论有以下管理启示。

第一，与利用性学习相比，探索性学习对提升颠覆性创新绩效更重要。本文研究结果表明在两类行业情境中，不论是科技驱动型行业还是经验驱动型行业，探索性学习均正向影响颠覆性创新，而利用性学习对颠覆性创新绩效的影响不显著。为此，在颠覆性创新管理实践中，企业应考虑在时间轴上分离双元学习，按需先后开展两种不同学习行为[36]，着重进行探索性学习，以提升企业颠覆性创新绩效。

第二，对科技驱动型行业中的企业来说，管理者应在双元学习中做出取舍，即更多地关注探索。在科技驱动型行业迅速变化的外部环境下，两种学习方式存在不可协调的内部矛盾，难以达到理想的平衡状态，在这种情况下，管理者应考虑到企业未来的长远发展，在双元学习中做出取舍，即更多地将有限的资源、时间与精力投入到探索性学习中，加强与外部新技术、新信息的沟通与交流，营造容许失败、勇于探索的创新环境，鼓励内部人员拓展新的业务领域，以提升企业颠覆性创新绩效，赢得持续竞争优势。

第三，对经验驱动型行业中的企业来说，管理者应平衡双元学习，即同时探索和利用。基于经验驱动型行业隐性知识较难转移和不易泄露的属性，企业应接受平衡观的主张。利用性学习促进有价值的隐性知识在组织的沉淀和拓展，探索性学习促进吸收外部知识和现有知识的创造性组合，充分发挥两种学习方式的互补效应，有助于实现颠覆性创新[37]。尤其是面对变革速度快、不确定性程度高的外部环境，同时开展探索性和利用性学习，扬长避短，在一定程度上可以避免陷入“能力陷阱”和“失败陷阱”的泥淖。

6.3 研究不足与未来研究展望

本文存在以下不足：第一，本文采用横截面数据，难免存在共同方法变异偏差（common method variance，CMV）问题；第二，数据来源还不够全面，样本的规模和代表性仍存在一定的局限性。后续研究可以在统计控制的基础上加强程序控制，同时可以考虑其他情境变量的引入，以丰富组织双元学习与颠覆性创新绩效的权变研究成果。此外，未来研究还可以进一步探讨不同的颠覆性创新类型，如基于低端市场侵入或基于新市场构建的颠覆性创新与双元学习间的关系，以增强结论的说服力。

参考文献

[1] Christensen C M，Raynor M E，McDonald R. What is disruptive innovation?[J]. Harvard Business Review，2015，93：44-53.

[2] 冯立杰，杜靖宇，王金凤. 颠覆式创新视角下后发企业价值网络演变路径[J]. 科学学研究，2019，37（1）：175-183.

[3] 林春培，余传鹏，吴东儒. 探索式学习与利用式学习对企业破坏性创新的影响研究[J]. 研究与发展管理，2015，27（6）：19-28.

[4] March J G. Exploration and exploitation in organizational learning[J]. Organization Science，1991，2（1）：71-87.

[5] Lavie D，Stettner U，Tushman M L. Exploration and exploitation within and across organizations[J]. Academy of Management Annals，2010，4（1）：109-155.

[6] Benner M J，Tushman M L. Exploitation，exploration，and process management：the productivity dilemma revisited[J]. Academy of management Review，2003，28（2）：238-256.

[7] Atuahene-Gima K，Murray J Y. Exploratory and exploitative learning in new product development：a social capital perspective on new technology ventures in China[J]. Journal of International Marketing，2007，15（2）：1-29.

[8] Bierly P E，Daly P S. Alternative knowledge strategies，competitive environment，and organizational performance in small manufacturing firms[J]. Entrepreneurship Theory and Practice，2007，31（4）：493-516.

[9] Tushman M L，O'Reilly Ⅲ C A. Ambidextrous organizations：managing evolutionary and revolutionary change[J]. California Management Review，1996，38（4）：8-29.

[10] Nonaka I. A dynamic theory of organizational knowledge creation[J]. Organization Science，1994，5（1）：14-37.

[11] Christensen C M，Raynor M E. The Innovator's Solution：Creating and Sustaining Successful Growth[M]. Boston：Harvard Business School Press，2003.

[12] 梁中，徐函. 颠覆式追赶窗口的识别逻辑与响应范式[J]. 科学学研究，2021，39：1285-1292.

[13] Zhang K，Wang J，Feng L，et al. The evolution mechanism of latecomer firms value network in disruptive innovation context：a case study of Haier Group[J]. Technology Analysis & Strategic Management，2019，31（3）：1-13.

[14]李平，臧树伟. 基于破坏性创新的后发企业竞争优势构建路径分析[J]. 科学学研究，2015，33（2）：295-303.
[15]Wan F，Williamson P J，Yin E. Antecedents and implications of disruptive innovation：evidence from China[J]. Technovation，2015，39：39-40，94-104.
[16]程鹏，柳卸林，李洋. 本土需求情景下破坏性创新的形成机理研究[J]. 管理科学，2018，31（2）：33-44.
[17]Duncan R B. The ambidextrous organization：designing dual structures for innovation[J]. The Management of Organization，1976，1：167-189.
[18]Raisch S，Birkinshaw J. Organizational ambidexterity：antecedents，outcomes，and moderators[J]. Journal of Management，2008，34（3）：375-409.
[19]Levitt B，March J G. Organizational learning[J]. Annual Review of Sociology，1988，14：319-338.
[20]Raisch S，Birkinshaw J. Probst G，et al. Organizational ambidexterity：balancing exploitation and exploration for sustained performance[J]. Organization Science，2009，20（4）：685-695.
[21]Li C R，Yeh C H. Leveraging the benefits of exploratory learning and exploitative learning in NPD：the role of innovation field orientation[J]. R&D Management，2017，47（3）：484-497.
[22]王海花. 技术复杂性会抑制双元学习对创新绩效的影响吗[J]. 科技进步与对策，2017，34（16）：140-147.
[23]Pavitt K. Sectoral patterns of technical change：towards a taxonomy and a theory[J]. Research Policy，1984，13（6）：343-373.
[24]Chen J，Chen Y，Vanhaverbeke W. The influence of scope，depth，and orientation of external technology sources on the innovative performance of Chinese firms[J]. Technovation，2011，31（8）：362-373.
[25]陈钰芬，叶伟巍. 企业内部 R&D 和外部知识搜寻的交互关系——STI 和 DUI 产业的创新战略分析[J]. 科学学研究，2013，31（2）：266-275，285.
[26]许晖，李文. 高科技企业组织双元学习与双元创新关系实证研究[J]. 管理科学，2013，26（4）：35-45.
[27]Chung S，Kim G M. Performance effects of partnership between manufacturers and suppliers for new product development：the supplier's standpoint[J]. Research Policy，2003，32（4）：587-603.
[28]伍勇，梁巧转，魏泽龙. 双元技术创新与市场导向对企业绩效的影响研究：破坏性创新视角[J]. 科学学与科学技术管理，2013，34（6）：140-151.
[29]Atuahene-Gima K. Resolving the capability—rigidity paradox in new product innovation[J]. Journal of Marketing，2005，69（4）：61-83.
[30]弋亚群，邹明，谭国华. 企业家导向、组织学习与技术创新的关系研究[J]. 软科学，2010，（8）：17-21.
[31]Simonin B L. Ambiguity and the process of knowledge transfer in strategic alliances[J]. Strategic Management Journal，1999，20（7）：595-623.
[32]林海芬，苏敬勤. 管理创新效力提升机制：组织双元性视角[J]. 科研管理，2012，33（2）：1-10.
[33]Govindarajan V，Kopalle P K. Disruptiveness of innovations：measurement and an assessment of reliability and validity[J]. Strategic Management Journal，2006，27（2）：189-199.
[34]He Z L，Wong P K. Exploration vs.exploitation：an empirical test of the ambidexterity hypothesis[J]. Organization Science，2004，15（4）：481-494.

[35]温忠麟，侯杰泰，马什赫伯特. 结构方程模型检验：拟合指数与卡方准则[J]. 心理学报，2004，36（2）：186-194.
[36]荣健，刘西林. 双元学习与先前经验及其交互效应对科技创业企业成长的影响[J]. 技术经济，2016，35（12）：13-20.
[37]马媛，侯贵生，尹华. 绿色创新、双元性学习与企业收益的关系——基于资源型企业的实证研究[J]. 技术经济，2016，35（5）：46-52.

Impact of Organizational Learning Ambidexterity on Enterprise's Disruptive Innovation Performance: Comparative Study on STI and DUI

Wang Zhiwei[1], Wei Lican[1], Ye Lingfeng[1], Lin Yuhan[2]

（1. School of Economics and Management, Fuzhou University, Fuzhou 350108, China;
2. Business School of the University of Warrick, Coventry CV47AL, UK）

Abstract: Follows the research of contextualization and explores the impact of the exploration learning and exploitation learning and their interaction effect on enterprise's disruptive innovation performance in STI and in DUI. Based on the empirical study of 208 enterprises' sample data, it is found as follwos: exploration learning positively affects disruptive innovation performance; exploitation learning has no significant effect on disruptive innovation performance; the interaction between exploration and exploitation learning negatively affects the performance of disruptive innovation in STI, while this interaction positively affects the performance of disruptive innovation in DUI.

Keywords: ambidextrous learning; disruptive innovation; innovation performance; explorative learning; exploitative learning